독립출판·1인출판사 창업의 모든 것
내 작은 출판사 시작하기

내
작은 출판사
시작하기

독립출판·1인출판사 창업의 모든 것

이승훈 | 지음

CONTENTS

머리말 작은 출판사, 시작합니다

나의 꿈 작은 출판사 01 / 출판사를 해도 될까?

출판사, 할 만한가요 17 | 출판사는 무엇을 하는 곳일까? 18 | 출판창업, 말리고 싶다 21 | 닭 튀기려고 대학 나왔나 23 | 출판사, 해? 말아 25 | 출판사를 하면 얼마나 벌까 25 | 책 출판해서 1년에 3억 벌기 27 | 1인출판사 창업이 가능한 이유 29 | 1인출판사 대표가 말하는 출판창업의 좋은 점 30 | 출판사 창업에 필요한 자금은 얼마일까? 32 | 1인출판사 창업 초기 비용 33 | 책 한 권을 만드는데 드는 비용 33 | 손익분기점 34 | 창업자금 마련하기 35 | 출판사 창업은 이런 사람이 적합하다 38 | 독립출판과 1인출판 40 | 블랙컨슈머를 만나다 42 | [출판사 인터뷰] 김동근 대표 (소와다리 출판사) 43

나의 꿈 작은 출판사 02 / 내 작은 출판사 만들기

출판사 창업, 결심하셨나요? 49 | 1인출판사 창업을 결심하기 전에 50 | 출판 분야 정하기 52 | 출판 분야를 정할 때 꼭 봐야할 자료 54 | 출판사 이름 정하기 55 | 출판사 이름 등록여부 확인하기 56 | 출판사등록 신청 방법 59 | 국제도서번호(ISBN) 신청 60 | 사업자등록 절차 62 | 출판은 제조업 63 | 출판사는 면세업 64 | 사무실 준비 66 | 필요한 장비 세팅 68 | 사업계획서 만들기 70 | 비즈니스모델 72 | [지원정책] 1인출판사를 위한 출판지원제도 75

나의 꿈 작은 출판사 03 / 출판기획과 마케팅

어떤 책을 만들고, 어떻게 판매할 것인가? 79 | 어떤 책을 만들 것인가 80 | 출판기획이란 82 | 출판기획서 만들기 83 | 독자의 니즈는 어떻게 파악할 수 있을까? 87 | 시리즈를 염두에 두고 기획하라 87 | 출간계획을 세우자 88 | 기획 단계부터 마케팅을 고려한다 89 | 소셜미디어 마케팅 91 | 이벤트, 저자와의 만남 93 | 원고를 구하는 방법 94 | 저자를 찾는 방법 95 | 저자리스트 구축 97 | 저자와 출판계약을 하는 방법 98 | 저작권료(인세) 정하기 99 | 저작권료 지급시기 100 | 완전원고란? 100 | 저자가 다른 사람의 저작물을 베낀 경우 102 | 원고 검토 기준 103 | 저자의 불만 104 | 과대망상에 빠진 저자 105 | 출판사가 싫어하는 저자 106 | 원고 검토가 늦어지는 이유 106 | [출판사 인터뷰] 김보경 대표 (책공장 더불어 출판사) 108

나의 꿈 작은 출판사 04 / 번역서 기획과 계약 방법

외국 도서를 번역해서 출판하면 어떨까? 113 | 1인출판사는 번역서로 시작하라 114 | 해외도서 에이전시와 계약하는 방법 116 | 오퍼 120 | 외서의 인세 120 | 계약기간 122 | [독자 연구] 책을 읽다 마는 이유 123

나의 꿈 작은출판사 05 / 출판편집과 책 디자인

책을 만드는 편집과 디자인 127 | 출판편집이란 무엇인가? 128 | 편집은 짜깁기가 아니다 130 | 맞춤법 공부는 기본이다 131 | 판권 페이지 기재방법 132 | 초판 발행일 기재요령 133 | 책 제목 짓기 134 | 디자이너 구하기 135 | 편집 프로그램과 폰트 파일 135 | 디자인 시안 검토 139 | 책 표지는 원래 이렇게 생겼다 142 | 디자인 데이터 관리 142 | [출판사 인터뷰] 김이연 대표 (정글짐북스 출판사) 145

나의 꿈 작은출판사 06 / 책 제작 첫걸음

드디어 책을 인쇄하다 151 | 책 제작하기 전에 할 일 152 | 바가지 쓰지 않고 견적서 받는 법, 제작사양서 작성하기 153 | 드디어 견적서를 받다 155 | 초판 제작부수 결정 156 | 제작 업체 선정 요령 158 | 표지 용지, 본문 용지 162 | 면지 163 | 종이규격 165 | 종이결 166 | 절수와 대수 166 | 종이 소요량 계산법 167 | 인쇄소 168 | 감리 171 | 라미네이팅(Laminating) 업체 172 | 후가공 업체 172 | 제책소(제본소) 173 | 인쇄사고에 대처하는 방법 175 | 가제본 176 | 사고는 제작처와 협의하여 해결 176 | 띠지 만들 때 주의할 점 177 | KC안전인증 178 | 출판물류 대행업체 정하기 179 | [출판사 인터뷰] 정형정 대표 (쇼킹잉글리시 출판사) 183

나의 꿈 작은출판사 07 / 책 나오면 할 일

책 나왔다, 이제 뛰어! 189 | 보도자료 작성과 배포 190 | 서지정보 작성 192 | 서점과 신규 거래계약 맺기 193 | 위탁판매 194 | 공급률 195 | 서점 MD와 떨리는 첫 만남 195 | 직거래, 총판, 일원화 197 | 서점 거래에 필요한 서류 198 | 책 홍보에 목숨 걸어라 201 | 도서 이벤트 201 | 영업 – 책의 생존기간을 길게 한다 202 | 판매대에 놓여 있는 책은 어떤 책인가? 202 | 매장 영업 개시 203 | 납본 205 | 데이터 백업과 정리 205 | [출판사 인터뷰] 최태선 대표 (라이온북스 출판사) 208

나의 꿈 작은출판사 08 / 판매 대금 정산과 세금신고

드디어 수금하는 날 213 | 판매보다 더 중요한 수금 214 | 판매 대금 빨리 받는 방법 215 | 정산 방법 216 | 장부대조 216 | 거래명세서 218 | 쌓이는 재고와 미수금 218 | 전자계산서 발행 방법 219 | 계산서 역발행 220 | 제작 비용 등 결제 220 | 저자 인세 지급 221 | 세금신고 직접 하는 방법 223 | 원천징수세액 224 | 홈택스, 위택스 사용 방법 225 | 기장은 무료 간편장부 활용 226

에필로그 고민이 많은 작은 출판사 229
특별부록 이 책은 어떻게 만들었을까? 234 | 출판콘서트 237 | 종이가격표 238 | 출판창업 추천도서 239

개정판 머리말

작은 출판사로 성공하기

그 동안 출판에 관심을 갖고 있는 많은 분들이 이 책을 읽고 출판사를 시작했다. 그 중에는 베스트셀러를 출판한 곳도 있고 작은 출판사로서 착실하게 책을 내 매출을 늘려가는 출판사도 있다. 수년간 출판창업 강의를 하며 이런 분들을 보면서 이 책에 대해 사명감을 갖게 되었다. 자신의 꿈을 향해 가기 위해 이 책을 읽고 밑줄을 그어가며 공부하는 모습에 깊은 감동을 느꼈다. 과분한 사랑에 감사하며 변화하는 출판 상황에 맞춰 일부 내용을 개정하였다.

개정 도서정가제가 시행(2014년 11월 21일)된 이후로 도서이벤트 방법, 책 가격 책정 방법 등에서 큰 변화가 있어서 이를 반영하였다. 출판을 규제하는 법령이므로 반드시 알아야 한다.

출판창업 강의를 할 때마다 수강생들에게 묻는 질문이 있다. '왜 출판을 하려고 하는가?'이다. 대개 책이 좋아서 출판을 하고 싶다고

하는 대답이 나온다. 책이 좋으면 '독자'를 하는 것이 적합하다. 그래도 책이 좋으면 '저자'가 되어 보는 것이다. 독립출판이라는 형태의 출판이 생기면서 출판에 다양성이 더해졌다.

이 책은 출판의 비즈니스적인 측면을 강조하였다. 그러기 위해 무엇보다 중요한 것은 출판하려는 사람의 '철학'이라고 본다. 출판을 하고 싶다면 무엇을, 어떻게, 왜 하는지 질문을 던지고 시작하기를 권한다.

출판시장이 점점 더 어렵다고들 한다. 도서정가제 강화 후 책 판매가 줄어들었기 때문이다. 코로나19 때문에 더 위축됐다. 그럼에도 불구하고 성공하는 1인출판사들은 늘 생겨나고 있다. 그 성공의 이유를 숨은 그림찾기처럼 이 책에서 찾아보기 바란다.

이 책의 감수를 위해 마음을 쏟아 준 소와다리 출판사의 김동근 대표께 깊이 감사드린다.

2021년 3월 15일
이승훈

초판 머리말

작은 출판사, 시작합니다

아담하지만 개성 있는 건물, 커피 향기 은은한 사무실, 조용히 흘러나오는 클래식 음악, 수북하게 쌓인 원고, 그리고 그 속에 파묻혀 국어사전과 씨름하는 편집자, 기발한 기획거리를 찾기 위해 신문을 훑어보는 기획자, 혼신의 힘을 다해 만들어낸 좋은 책, 교보문고 판매대 위에 진열된 나의 책, 그 책을 들고 계산대 앞에 늘어선 구매 행렬, 베스트셀러, 스테디셀러…….

출판사를 생각할 때 머릿속에 이런 낭만적인 장면들이 떠올랐다면 당신은 출판사를 모르는 독자다. 물론 완전히 틀린 말은 아니다. 하지만 이것이 출판의 전부라고 생각하면 큰 오산이다. 책 한 권이 출간되어 독자를 만나기까지는 수많은 과정을 거쳐야 한다. 원고를 집필하고 책을 편집하고 표지를 디자인하는 재미있고 창조적인 작업도 있는가 하면 서류정리, 영업, 회계, 물류 등 반복적이고 지루한 업무도 있다. 이런 업무를 통틀어 '출판'이라 하고 그런 일을 하

머리말

는 곳을 '출판사'라고 부른다. 만약 1인출판사 창업을 염두에 두고 있다면 이런 일들을 혼자서 처리해야 한다.

당연한 말이지만 출판도 사업이다. 책이 잘 팔리면 돈을 벌고 안 팔리면 망한다. 그런데 출판창업을 염두에 둔 사람들은 대개 책을 만드는 일에는 흥미가 있지만 영업이나 운영에 대해서는 깊이 생각하지 않는다. 책을 잘 만들기만 하면 독자가 좋은 책을 알아보고 저절로 팔리는 줄 알기 때문이다. 원고에 대한 자신감 하나로 1인출판사를 차리고 갖은 시행착오를 거쳐 겨우 책을 냈지만, 출간 후 업계의 생리나 영업에 대한 지식과 경험 부족으로 판매의 벽에 부딪혀 좌절하는 창업자를 여럿 보았다. 이는 책, 글, 원고, 마음의 양식, 지식산업 등 감상적인 말에 취해 그 이면에 도사리고 있는 비즈니스의 속성을 간과한 결과가 아닐까 한다.

그러므로 창업을 목전에 둔 지원자들은 '출판사'라는 개념을 다시 정립해야 할 필요가 있다.

출판사는 出版社(出版출판하는 社회사)가 아니다. 出販社(出출판해서 販판매하는 社회사)가 되어야 한다. 처음 이 말을 출판 세미나에서 했을 때 대부분의 참석자들이 아, 하는 탄성과 함께 고개를 끄덕였던 것으

머리말

로 기억한다. 책을 만들었으면 팔아야 한다. 출판을 종이냄새 잉크 냄새 풀풀 나는 우아한 밥벌이쯤으로 생각했다면 부디 이 책을 읽고 현실을 직시하기 바란다.

어떤 일이든 처음 시작할 때는 두렵기 마련이다. 모르는 것, 낯선 것, 미래에 대한 불안감이 두려움을 만든다. 두려워 망설이는 것은 이해할 수 있다. 중요한 것은 두렵더라도 일단 해보는 것이다. 움츠러들면 아무 일도 할 수 없다. 두렵다면 준비를 철저히 하고, 준비가 충분히 되었다면 용기를 내어 시작하기를 권한다.

:: **무경험자의 출판사 창업을 위한 책**

이 책은 출판창업을 할 때 꼭 필요한 출판등록, 사업자등록 같은 행정 절차를 담고 있음은 물론 제작, 편집, 영업에 이르기까지 출판계 경험이 전무한 사람들이 가장 궁금해 하는 출판 프로세스를 시간 순서에 따라 일목요연하게 설명하고 있다. 한 치 앞이 캄캄한 출판 초보자에게 발 디딜 데를 조목조목 알려주는 훌륭한 길잡이가 되어줄 것이다.

어떤 책은 출판업계에서만 쓰는 전문용어나 은어를 별다른 설명 없

머리말

이 남발하거나, 거대 자본을 동원한 대형 출판사의 베스트셀러 출간 사례를 마치 일반적인 것처럼 예로 들기도 한다. 하지만 출판창업의 첫 관문은 베스트셀러나 대박이 아니라 업계의 환경을 이해하고 큰 시행착오 없이 자리를 잡는 것, 즉 '생존'이다. 필자도 출판사 경력 없이 출판사를 창업했고 많은 시행착오를 겪었기 때문에 출판 초보자들이 궁금해 하는 것이 무엇인지, 꼭 알아야 할 것이 무엇인지 잘 알고 있다. 그런 경험들을 바탕으로 이 책을 썼다. 그렇기 때문에 독자 여러분들은 이 책으로 간접적으로나마 출판창업을 생생하게 경험해볼 수 있을 것이다.

:: 시행착오를 줄여주는 책

처음 해보는 일이라면 시행착오가 있을 수밖에 없다. 사업에서 시행착오는 곧 비용지출을 의미한다. 흔히 말하는 '수업료'가 바로 그것이다. 출판사를 시작할 때 생길 수 있는 일들을 미리 알고 대비하며 다른 사람의 실수를 통해서 배운다면 그만큼 시행착오가 줄어든다. 이 말은 불필요한 비용지출을 막을 수 있다는 뜻이다. 여러분은 이 책을 읽고 나면 다음 사항을 알 수 있다.

머리말

1. 출판의 전체적인 과정
2. 책 제작할 때 바가지 쓰지 않는 노하우
3. 저자를 발굴, 섭외, 계약하는 방법
4. 외국도서 계약과 출판기획 방법
5. 디자이너, 인쇄소 등 거래처 상대하는 방법
6. 손해 보지 않고 서점과 신규거래 하는 방법
7. 언론사에 책을 소개하는 방법

"한 권의 책은 그 자체가 벤처기업이다."
아르고나인 출판사 손호성 대표의 말이다. 세상에 똑같은 책은 없다. 책마다 대상 독자가 다르고 그에 따라 마케팅 방법도 달라진다. 책 한 권을 만들 때마다 새로운 사업을 시작하는 심정으로 심혈을 기울여 준비해야 한다. 준비만 철저히 한다면 앞으로 닥칠 어려움은 대부분 극복할 수 있다.

그럼에도 불구하고 분명 이 책에는 한계가 있다. 어디까지나 출판 초보자를 위한 책이기 때문에 지나치게 세부적인 내용은 포함되어 있지 않다. 글로는 전부 설명할 수 없는 부분도 있는데, 그런 것은

머리말

출판 세미나를 통해 직접 전하려고 한다.

마지막으로 필자의 경험이 출판의 전부인양 부풀리지 않기 위해 여러 출판사 대표들과 편집자들의 검토를 받았다. 이 책의 완성도를 높이는 데 조언을 해주신 출판사 대표, 편집자, 디자이너, 마케터, 제작자 등 네이버 카페 〈꿈꾸는 책공장〉 회원들께 깊이 감사드린다. 특히 원고를 일일이 다듬어주신 김동근 대표님과 인터뷰를 통해 마음 써주신 김이연, 정형정, 김보경, 최태선 대표님께도 감사의 말씀을 전한다. 아울러 '대박'만을 쫓는 각박한 현실 속에서 묵묵히 '좋은 책'을 만들고 있는 여러 출판인들께 감사한 마음을 드린다.

2014년 7월 1일
이승훈

내
작은 출판사
시작하기

01

출판사를 해도 될까?

나 의 꿈
작 은 출 판 사

01

출판사를 해도 될까?

: : 출판사, 할 만한가요?

이승훈 | 출판사든 뭐든 창업 결심은 쉽지 않을 것 같은데요. 출판사 창업, 해볼 만할까요? 출판사를 차리면 어떤 점이 좋을까요?

김동근 | 출판사는 책을 파는 회사입니다. 책 읽는 게 좋은 사람은 그냥 독자로 남으면 되고요. 책 만드는 일에 관심이 있는 사람은 출판사에 취직을 해야죠. 두 가지 조건을 충족하면서 책 파는 것도 자신이 있는 사람이라면 출판사를 차려도 됩니다. 출판사를 차리면 종일 책에 파묻혀 자기가 좋아하는 책을 만들면서 돈을 벌 수 있어요. 오너인 만큼 시간도 비교적 자유롭게 쓸 수 있고요. 자아실현, 그리고 시간적 여유. 그게 가장 큰 장점 같아요. 물론 경제적 여유는 별개의 문제입니다. 그건 하기 나름이니까요.

이승훈 | 동감입니다. 책도 읽고, 책도 쓰고, 책도 만들고, 책도 팔고. 책을 정말 좋아한다면 책을 읽는 것에서 영역을 넓혀 자기 책을 직접 출판해 보는 것도 좋은 경험인 것 같습니다. 독자에서 저자로, 저자에서 출판사로 영역을 확장하는 것이죠. 그럼 과연 출판사 창업이 해볼 만한 것인지 살펴보겠습니다.

· ·

:: 출판사는 무엇을 하는 곳일까?

일단 출판사는 책을 '만드는' 곳이다. 책도 제품이기 때문에 출판업은 '제조업'으로 분류된다. 업의 형태가 책을 제조하는 형태이기 때문이다. '콘텐츠 산업'이니 '문화 산업'이니 하는 근사한 단어를 생각했다면 다소 어리둥절할 수도 있겠다.

최근에는 출판사를 문화콘텐츠산업의 주요 부분으로 보아 출판업으로 분류하고 있다. 이런 움직임은 출판이 무엇인가에 관한 진지한 물음에서 비롯된다고 생각한다. 출판을 제조의 측면에서만 보면 인쇄소와 차이가 별로 없기 때문이다. 출판은 제조업의 성격과 문화콘텐츠업의 성질을 모두 지니고 있다고 본다.

책은 대개 종이에 글자를 인쇄해서 만든다. 그러다 보니 출판사에 인쇄기가 있을 거라 착각하기 쉽다. 출판사를 한다고 얘기하면 으레 거대한 인쇄기를 몇 대 갖고 있냐고 물어온다. 출판사를 하려면 당연히 인쇄기를 갖춰놓고 있다고 생각하는 모양이다. 출판사와 인쇄소를 혼동하기 때문이다. 그래서 간혹 이런 질문을 받기도 한다.

"출판사를 차리고 싶은데 인쇄기는 어디서 파나요?"
"사무실이 좁은데 인쇄기를 들여놓을 수 있을까요?"

황당하지만 이해는 된다. 책이 만들어지는 과정을 전혀 모르기 때문이다. 질문에 답을 하자면, 인쇄는 책을 만드는 과정의 일부에 지나지 않기 때문에 굳이 거액을 들여 인쇄기를 살 필요는 없다. 인쇄 과정은 인쇄소에 제작을 의뢰하면 해결된다. 출판사에서는 인쇄와 제본처럼 인쇄시설이 필요한 작업을 제외하고 사람의 힘으로 할 수 있는 일을 처리한다. 인간의 지적활동에서 나온 결과물을 책으로 만드는 작업을 하게 된다.

우리가 서점에서 책을 살 때 종이 뭉치를 구입하기 위해 돈을 지불하지는 않는다. 거기에 인쇄된 글, 책이 담고 있는 내용을 읽어보려고 사는 것이다. 즉 책이라는 형식이 아니라 내용을 중시한다.

종이가 없는 전자책도 책이라 부르는 이유가 바로 여기에 있다. 종이는 책의 핵심이 아닐 수도 있다는 얘기다. 따라서 책을 설명할 때 인쇄 과정에 중점을 두기에는 뭔가 어색하다. 인쇄를 해서 만드는 것에는 책만 있는 게 아니기 때문이다. 이렇게 본다면 책의 핵심 재료는 종이가 아니라 글, 다시 말해 원고(原稿, manuscript)이다.

원고는 일반적으로 저자(著者)가 쓴다. 출판사에서는 대개 원고를 직접 쓰지 않는다. 인쇄도 하지 않고 원고도 쓰지 않는다면 출판사는 도대체 뭘 하는 곳일까?

출판사에서는 원고를 책으로 만든다. 독자에게 필요한 책을 기획하여 저자에게 원고 작성을 의뢰한다. 반대로 저자가 원고를 먼저 완성하여 출판사로 보내면 출판사는 원고가 독자에게 필요한 내용인지 검토하여 책으로 만든다. 때로는 유명인의 인터뷰 내용을 원고로 삼거나 외국 도서를 번역하기도 한다. 이런 원고는 편집자의 손을 거쳐 다듬어지고 디자이너가 책의 모양을 만든다. 그런 다음 종이에 인쇄를 하고 이것을 엮어 제본을 하면 책이 완성된다.

이렇게 만들어진 책은 서점을 통해 독자들에게 판매되는데, 보다 많은 독자를 확보하기 위해 출판사는 판촉 활동을 하거나 원활한 공급을 위해 재고를 관리한다. 드라마나 영화에서처럼 출판사 직원들이 책상에 앉아 도수 높은 안경을 끼고 원고만 들여다보는 게 아니다. 원고가 늦어지지 않게 저자를 들볶아야 하고, 미심쩍은 부분을 확인해야 하고, 마음에 안 드는 부분을 고쳐 달라 부탁해야 하고, 인쇄가 제대로 되는지 인쇄소를 들락거려야 하고, 책을 진열하기 위해 전국 서점을 누벼야 하며, 광고도 집행하고, 재고정리를 위해 창고에도 가야 한다. 출판사에서는 이런 일을 한다.

2003~2012년 전국 출판사 실적 현황 (출처 : 문화체육관광부)				
연도	출판사 수	무실적 출판사	무실적 출판사 (%)	1권 이상 발간한 출판사 수
2003	20,782	19,528	92.7	1,524
2004	22,498	20,738	92.4	1,715
2005	24,580	22,307	90.8	2,273
2006	27,103	24,928	92.0	2,175
2007	29,977	27,206	92.2	2,771
2008	31,739	28,962	91.3	2,777
2009	35,191	32,289	91.8	2,902
2010	35,840	32,812	92.6	3,028
2011	38,170	35,555	93.1	2,615
2012	42,157	39,620	94.0	2,537

:: **출판창업, 말리고 싶다!**

출판업을 사양산업이라고들 한다. 독자가 점점 줄어들고 있기 때문이다. '단군 이래 최악의 출판불황'이란 말도 이제 귀에 딱지가 앉을 정도다. 하지만 경기 침체 상태에서는 어떤 사업이든 어려울 수밖에 없다. 이런 상황에서 출판사만 특히 더 힘들다고는 할 수 없지 않을까?

출판사 대표들과 술자리를 할 때면 '출판사 창업을 말려야 하는 거 아냐?' 하는 푸념이 자주 나오곤 한다. 그만큼 출판사 운영이 쉽지 않다는 뜻이다. 실제로 출판사등록만 하고 책을 내지 않는 출판사가 부지기수다. 문화체육관광부의 조사결과에 따르면 대한민국에 신고된 출판사(4만 2,157개) 중 책을 한 권도 못 낸 출판사가 94%(3만 9,620개)에 이른다. 한 권이라도 책을 낸 출판사는 전체의 6% 정도에 불과하다는 뜻이며 두 권 이상 출판한 곳은 그보다 훨씬 적다. 바꿔 말하면 책을 한 권도 못 내거나 한 권만 내고 더 이상 책을 내지 못할 확률이 94% 이상이라고 할 수 있다. 지속적으로 책을 출판하기란 이렇게 어려운 것이다. 출판사 신고만 해놓고 실제로는 책을 출판하지 못한 출판사가 96%나 된다.

한 권도 책을 내지 못한 출판사를 '무실적 출판사'라고 한다. 무실적 출판사가 해마다 많아져서 전체 출판사의 94%에 이른 이유는 무엇일까?

출판할 만한 책을 아직 정하지 못했거나 과연 책이 잘 팔릴 것인지 확신할 수 없어 출간을 주저했을 수도 있다. 또 대량 판매, 대량 구매력을 내세운 대형 서점이 시장을 장악한 탓도 있다. 소형 서점이 자취를 감춘 결과, 몇몇 대형 서점들에게 출판사들의 영업 경쟁이 집중되면서 작은 출판사들이 설 자리를 찾기 힘든 탓일 수도 있다. 신규 출판사가 진입하기에는 시장 상황이 이래저래 여의치 않은 것 같다.

사실 이런 환경 속에서 출판 창업을 하는 것은 한마디로 미친 짓이다. 하지만 어렵다고는 해도 매년 신규로 출판사를 창업하는 사람들이 있고 그중에는 드물지만 성공하는 사람도 분명히 있다. 결국 어떻게 준비하느냐에 따라 성공 확률은 달라진다.

예비 창업자는 출판사도 엄연한 사업이라는 것을 명심해야 한다. 성공보다 실패할 확률이 훨씬 높고 창업자 중 극히 일부만이 살아남는다. 사업실패는 곧 투자금을 날린다는 뜻이다. 대출을 받아 창업한 경우라면 빚더미에 깔리고 만다. 심하면 가정까지 파괴될 수 있다는 점을 잊지 말고 마음을 굳게 먹기를 바란다. 출판의 낭만만 바라보고 출판사를 시작할 수는 없다.

:: 닭 튀기려고 대학 나왔나?

나는 최소한 치킨집 창업보다 출판사 창업이 낫다고 생각한다. 동네 치킨집을 창업하려면 임대료, 시설비, 가맹비 등 1억 5천만 원정도 들어간다. 동네 치킨집 사장의 말에 따르면 하루에 치킨 100마리는 팔아야 월급을 가져갈 수 있다고 한다. '치킨 게임'이란 말이 생길 정도로 엄청난 포화시장이 치킨 프랜차이즈이다.

물론 잘되면 문제없다. 하지만 망할 경우 투자금을 모두 날리게 된다. 매장의 권리금을 최후의 보루로 생각하는 건 큰 착각이다. 어느 바보가 망해가는 곳을 인수하려고 하겠는가.

출판사 창업을 할 때는 대개 2~3천만 원 정도를 갖고 시작한다. 1년 이내에 망하면 1천만 원 정도 날리는 셈이 된다. 작게 시작하는 만큼 손해도 적다. 출판 창업은 다른 창업과 비교하면 위험도가 아주 높지는 않다.

문제는 제대로 준비하지 않고 출판사를 창업하는 사람들이다. 엉터리 책을 만들면 아무도 사지 않는다. 준비 없이 시작하고 나서 '스마트폰 때문에 독자가 책을 안 읽는다'고 남 탓을 한다. 요리사가 손님이 무식해서 맛도 모른다고 말하는 것과 똑같다. 스마트폰보다 더 재미있는 책, 독자가 기꺼이 읽어보고 싶은 좋은 책을 만들겠다는 자세가 필요하다.

절대 무작정 시작하지 마라. 무작정 따라하는 것만큼 무모한 일도 없다. 마음만 앞서고 실질적인 준비가 되어 있지 않다면 출판사 시작을 미뤄도 좋다. 어떤 분은 출판사 창업강의를 다 듣고 나서 출판사를 나중에 차리겠다고 했다. 아침부터 강의를 들으러 온 사람들을 보니 자신은 아직 마음의 준비가 덜 됐다고 했다. 무조건 시작하지 말고 준비되면 시작하라고 당부했다.

> **Q. 책 한 권이 팔리면 출판사는 얼마나 벌게 될까요?**
>
> **A.** 독자가 1만 원 짜리 책을 구매하면 출판사가 1만 원을 번다고 착각하는 사람들이 의외로 많습니다. 출판사는 책을 만드는 생산자이고 교보문고, YES24 등은 책을 판매하는 서점입니다. 출판사에서 도매가격(책값의 약 60%)으로 서점에 책을 공급하면 서점은 소매가격으로 판매합니다. 그래야 서점도 이윤을 남길 수 있습니다. 또 책값의 10% 정도는 저자에게 저작권료(인세)로 지급됩니다. 그러므로 책 한 권에서 출판사의 몫은 책값의 50% 이하가 됩니다.

:: 출판사, 해? 말아?

불황에는 장사가 없다. 이름만 대면 알 정도의 대기업도 IMF, 외환위기에 망해서 사라졌다. 출판사도 마찬가지다. 불황기에 소문없이 사라진 출판사가 셀 수도 없다. 그렇다면 출판사 창업은 아예 꿈도 꾸지 말아야 할까? 그렇지 않다.

불황기에는 몸집이 작을수록 살아남을 확률이 높다. 회사의 작은 팀 정도 규모의 작은 출판사들이 출판계 곳곳에서 눈부시게 활약하는 것을 쉽게 볼 수 있다. 대형 출판사들도 조직을 작게 쪼개 팀을 만들어 독립적으로 운영하고 있다. 출판 트렌드는 빠르게 변화하기 때문에 조직이 작아야 발 빠르게 적응할 수 있기 때문이다. 1인출판사 창업이 주목을 받는 이유도 여기에서 찾을 수 있다.

:: 출판사를 하면 얼마나 벌까?

출판 창업을 하기 전에 가장 궁금한 점이 '출판사를 해서 얼마를 벌 수 있는가?' 하는 의문일 것이다. 그저 자기 좋아서 하는 일이라면 돈 들여가며 취미로 해도 만족하겠지만 출판사 사장도 생계가 걸린 직업이므로 수입이 있어야 계속 유지할 수 있다. 경기는 불황이고 출판업은 특히 사정이 안 좋다고 하는데 과연 출판사를 하면 얼마나 돈을 벌 수 있을까? 아니, 벌 수나 있을까?

출판사의 기본적인 수입은 책을 서점에 납품하고 받는 돈, 즉 매출액이다. 여기에서 인세, 제작비용, 운영비용 등을 빼고 남은 돈이 이익이 된다. 투입한 비용과 이익 금액의 비율을 이익률이라고 하는데 출판사마다 이익률에는 차이가 있다.

대형 출판사의 경우에는 운영비용이 많이 들기 때문에 이익률이 낮을 수 있지만 마케팅 파워가 있고 여러 종류의 책을 한꺼번에 출간하여 매출액 자체를 높일 수 있다. 또 거래처도 많아 대량제작으로 단가를 낮출 수도 있다. 하지만 작은 출판사는 한두 명의 인원이 일을 하다 보니 마케팅 파워가 부족하여 매출액을 높이기가 여간 어려운 것이 아니다. 대신 비용을 줄여 이익률을 높일 수는 있다. 아이디어로 승부하는 출판도 할 수 있다. 즉 규모에 맞는 사업 전략을 취해야 한다.

Q. 책을 세는 단위는 무엇일까?

A. 출판사나 서점에 근무하는 사람들은 제목이 다른 각각의 책을 말할 때 '종'이라는 말을 쓴다. '책을 5종 출간했다'는 것은 다섯 가지 책을 냈다는 뜻이다. 그렇다면 책을 셀 때는 어떤 단위를 쓸까? 서점에서 출판사로 책을 주문을 할 때 'OO책 10권 보내주세요' 라고는 하지 않고 대신 'OO책 10부 보내주세요'라고 한다. 언뜻 보기엔 그게 그거 같지만 다소차이가 있다. 업계 용어에 익숙해지는 것이 창업의 첫걸음이라 할 수 있다.

출판사를 시작하면서 매일 아침 이런 팩스 주문이 들어오는 상상을 하곤 한다.

'OO책 1,000부' 주문

:: 책 출판해서 1년에 3억 벌기

'○○으로 10억 벌기' 책이 활개 치는 시대에 겨우 3억이야? 하고 코웃음 치는 사람도 있을 것이다. 연매출 10억을 기대한다면 차라리 식당 창업을 알아보기 바란다. 1인출판사는 창업 초기에 1억 매출을 올리기도 힘들다. 하지만 창업 2년 만에 매출액 4억을 달성한 출판사도 있다. 가능성은 열려 있다. 이 책의 제목을 '출판사로 10억 벌기'라고 써서 눈길을 확 끌고 싶은 유혹도 있었다. 마케팅 측면에서 본다면 그것이 적절한 선택이었을 지도 모른다. 물론 작은 출판사 중에서 10억 이상의 매출을 올리는 곳이 있긴 있다. 하지만 흔치 않은 특별 케이스보다 현실적으로 실현 가능한 목표를 제시하고 싶었다.

출판사의 중장기 목표가 10억이 될 수 있겠지만 시작 단계에서는 3억이 적절한 목표라고 생각한다. 안정 궤도에 오른 출판사들이 말하는 매출액이 3억이라는 이유도 있다. 신생 출판사가 매출액이 3억이라면 대단히 성공적인 창업이 아닐까 싶다.

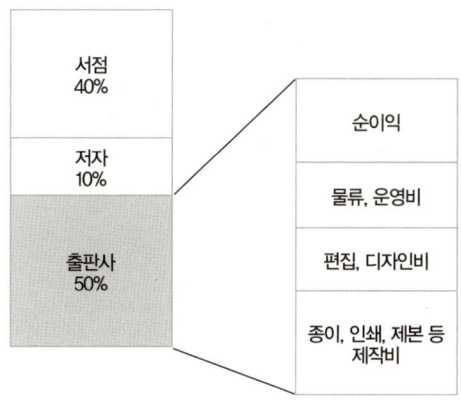

1년에 매출 3억을 올리려면 책을 얼마나 팔아야 하는지 계산을 해보자. 한 권에 13,000원짜리 책을 기준으로 계산해보겠다. 일반적으로 출판사는 정가의 60%로 서점에 책을 공급한다. 이것을 '공급률'이라고 한다. 13,000원짜리 책을 서점에 60%, 그러니까 7,800원을 받고 넘기는 것이다. 아무튼 7,800원짜리 책을 3만8천 권 팔면 3억이 된다. 이것을 365일로 나누면 100이 조금 넘는데 이 말은 하루에 100부 이상 팔아야 연매출 3억을 달성할 수 있다는 뜻이다.

이 내용을 어느 출판사 대표에게 보여 줬더니 '하루에 30부라면 몰라도 100부는 힘들다'는 회의적인 반응부터 '충분히 가능하다'는 긍정적 반응까지 다양한 의견이 나왔다.

과연 하루에 100부 이상 팔 수 있을까? 결론부터 말하자면 '그렇다'이다. 한 가지 책을 하루에 100부 팔기는 힘들지만 하루에 10부씩 팔리는 책이 10권이 있다면 얘기가 달라진다. 즉 매출 3억은 꾸준히 판매되는 책이 10권 이상 있다면 충분히 가능한 목표이다. 창업 초기에는 책 한 권을 내는 것도 어렵겠지만 한 권 두 권 내다 보면 어느새 10권이 되는 날이 올 것이다. 이런 이유 때문에 출판사 대표들은 꾸준히 책을 내야 한다고 강조한다. 출판사에서 매출액을 높이려면 지속적으로 책을 내는 수밖에 없다.

여기서 착각하지 말아야 할 사항이 있다. 3억 원은 매출액이다. 순이익이 아니다. 매출액에서 제작비, 유통비, 경상비, 인건비, 세금,

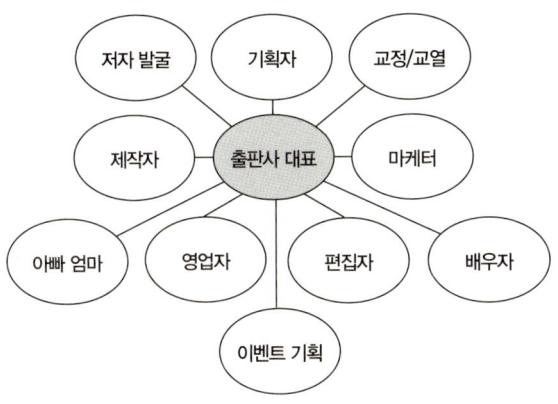

인세 등 각종 비용을 빼야 비로소 순이익이 된다. 책을 만드는 데 들어가는 비용은 뒤에서 자세히 다루도록 하겠다.

:: 1인출판사 창업이 가능한 이유

작은 출판사 사장은 과연 무슨 일을 해야 할까? 놀려고 작정하면 한없이 놀 수 있고 일하려고 하면 엄청난 양의 일을 해야 하는 자리가 작은 출판사의 대표가 아닌가 싶다. 특히 1인출판사라면 일반적인 출판사에서 해야 하는 일들, 예를 들자면 기획, 저자 발굴, 교정교열, 제작, 영업, 관리 같은 일을 도맡아 해야 한다. 한마디로 넋 놓고 있을 시간이 없다. 일은 저절로 진행되지 않는다. 외주 업체에게 돈만 주면 저절로 책이 만들어질 것이라는 순진한 생각은 버려라. 아무도 내 책을 대신 만들어주지 않고 팔아주지도 않는다.

1인출판사 경영이 가능한 이유는 다양한 출판 업무를 아웃소싱하기에 적합한 구조로 되어 있기 때문이다. 출판사는 핵심 업무를 제외하고 일상적으로 반복되는 업무와 회사 내에서 직접 처리할 필요가 없는 일을 외주 업체를 통해 처리한다. 기획은 외주 기획자가, 원고 집필은 저자가, 교정교열은 외주 편집자가, 디자인은 디자이너가, 영업은 영업 대행자가, 물류는 물류 대행사가 대신할 수 있다. 이런 특성 때문에 1인출판사라는 기업 형태가 가능하며 누구나 출판사를 창업할 수 있는 것이다. 오너가 기획, 집필, 편집, 영업 등을 한 가지라도 할 수 있다면 비용은 줄어든다. 1인출판사도 충분히 성공할 수 있다.

:: 1인출판사 대표가 말하는 출판창업의 좋은 점

'대박' 쫓다가 '쪽박' 찬다는 말은 출판계에서도 예외가 아니다. 신생 출판사의 첫 책이 대박나면 그 출판사가 머지않아 망한다는 속설이 있다. 한번 대박 맛을 본 출판사는 계속 대박을 찾아 헤매는 경우가 많기 때문이다. 직원을 무리해서 더 채용하기도 하고, 유명 저자의 책을 비싼 저작권료를 주고 구입했지만 판매가 기대에 미치지 못한다거나, 무리한 마케팅 비용으로 자금을 탕진하는 일이 비일비재하다. 즉 경험 부족으로 인한 판단 착오를 거듭하다가 결국 망하고 마는 것이다. 실력이 갖추어지지 않은 상태에서 갑자기 커진 출판사는 그 규모를 감당하지 못한다. 운이 다 되면 밑천이 드러나고 결국 바닥이 드러나게 된다. 그래서 많은 경험자들이 갑작스런 성공보다

	항목	금액 (만 원)	비고
	책 제작 비용과 관리비		
1	인쇄제작비	300	종이값, 인쇄비, 출력비, 후가공 등
2	번역비	200	번역자 인건비
3	디자인비	200	디자이너 인건비
4	편집비	200	편집자 인건비
5	노트북 구입비	200	고사양 노트북
6	마케팅 비용	?	자체 홍보
7	물류비	월 30	물류창고 업체 비용
8	잡비, 유지비	월 100	식비, 소모품비, 교통비, 통신비 등
9	사무실 임대료	월 30	소호 사무실 이용
10	기타		
계		1,260	

좋은 책을 차곡차곡 쌓아가기를 권하고 있다.

그러나 출판계에 있는 누구라도 '베스트셀러 한방 터지기'를 은근히 기대하는 것도 사실이다. 베스트셀러가 나오면 그동안 쌓였던 적자가 해소되고 출판사 살림이 탄탄해지기 때문이다. 어떤 출판사는 베스트셀러가 터져 직원들에게 성과급을 지급했다는 소문이 돌기도 한다. 대박을 쫓는다고 겉으로 표현은 안 하지만 내심 이런 한 방을 기다리는 건 모든 출판사 경영자의 마음일 것이다.

:: 출판사 창업에 필요한 자금은 얼마일까?

출판계 선배들의 말을 들어보면 안정적인 창업을 위해서는 적어도 3억은 필요하다고 하고 혹자는 그 돈 있으면 출판사 안 한다는 냉소적인 말도 한다. 3억이라는 구체적인 금액을 제시하는 이유는 경험상 출판사가 자리를 잡으려면, 다시 말해 안정된 매출을 유지하려면 적어도 20권의 책을 출간해야 하기 때문이다. 권당 제작비와 마케팅 비용을 1,500만 원으로 잡으면 20권을 내는 데 3억이 필요한 것이다. 그러나 3억 원을 준비해서 시작하는 사람은 흔하지 않은 것 같다. 대부분 2,000만 원 이상 5,000만 원 이하의 자본금을 들고 출판 창업에 뛰어든다. 자본금이 많다고 무조건 유리한 것은 아니지만

	번역서 출판 비용	
	항목	금액 (만원)
1	인쇄제작비	300
2	번역비	200
3	디자인비	200
4	편집비	200
5	저작권료(선인세)	300
6	마케팅 비용	?
7	에이전시 수수료, 세금 등 기타비용	100
계		1,300

최소한의 운용자금은 필요하다. 최대한 자본금을 확보하되 없는 돈이 갑자기 생기는 것은 아니므로 준비한 자본금에 맞추어 출간을 준비하면 된다.

:: 1인출판사 창업 초기 비용

비용표는 출판사를 시작할 때 준비할 업무용 노트북 구입비와 첫 단행본 1종을 제작할 때 들어가는 비용을 산출한 것이다. 1인출판사는 비용을 무조건 최소화해야 한다. 초기에는 번듯한 사무실을 차리는 것보다 공동 사무실을 이용하고 업무에 필요한 비품도 아껴 써야 한다. 아웃소싱 할 부분과 직접 처리할 부분도 구분해두어야 한다. 다시 말하지만 오너가 직접 처리하는 일이 많을수록 비용은 줄어든다.

:: 책 한 권을 만드는 데 드는 비용

책을 제작하는 데 비용이 얼마나 들어가는지 많은 사람들이 궁금해 한다. 그런데 출판사 대표들에게 이 질문을 하면 속 시원한 답을 듣기 어렵다. 왜 그럴까? 기업 비밀이라서 그럴까? 두 가지 이유가 있다. 첫째, 종이, 인쇄, 제본 비용이 업체마다 다르기 때문이고 둘째, 책마다 규격이나 분량, 디자인, 제작 수량 등등 조건이 워낙 다양하다보니 한마디로 답변을 못하는 것이다. 그래도 일반적인 책을 제작할 때 대략적인 기준을 제시해보겠다.

Q. 책을 출간했을 때 저자에게 저작권료(인세)를 얼마나 지급해야 할까요?

A. 저자에게 지급하는 저작권료도 책 제작비용에 포함됩니다. 저작권료는 보통 책값의 6~10% 내외입니다. 의학서적 같은 전문서적인 경우 10%를 넘어가는 경우도 있습니다. 책값이 1만 원이라고 하고 저작권료를 10%로 가정했을 때, 1년에 1만 부가 팔린다면 1년에 저자에게 지급해야 할 금액은 1천만 원입니다.

일반적인 크기(무선제본, 신국판(152mm×225mm), 224페이지, 2가지 색 인쇄)의 번역서를 2,000부 정도 제작한다면 총비용은 약 1,300만 원 정도 필요하다. 물론 마케팅 비용이 포함된다면 이보다 더 늘어날 수도 있고 번역이나 편집, 디자인 등 본인이 처리할 수 있는 일이 있다면 줄어들 수도 있다. 구체적인 비용은 비용표를 참고하기 바란다.

:: 손익분기점

손익분기점은 제작비와 매출액이 같아지는 지점의 판매 부수를 말한다. 쉽게 설명하면 책을 만들었다고 할 때 대체 몇 권을 팔아야 제작비를 뽑을 수 있는가 하는 것이다.

제작비를 권당 공급가로 나누면 손익분기점을 알 수 있는데 이는 제작비와 정가, 공급률에 따라 달라진다. 예를 들어 제작비가 1,300만 원이고 정가가 13,000원(공급률 60%라면 공급가 7,800원)이라면

13,000,000원 ÷ 7,800원 = 1,666권이 된다. 즉 1,666권을 팔아야 제작비 1,000만 원을 뽑고 1,667권부터 이익이 생기는 것이다. 물론 손익분기점을 아는 것과 그만큼 책을 파는 것은 별개의 문제이다. 하지만 책을 기획하고 제작하기 전에 해당 분야의 시장 크기, 예상 판매량을 조사해보고 과연 손익분기점을 넘길 수 있을 만한 잠재 독자가 있을지 조사해보는 과정은 반드시 필요하다. 그리고 앞서 말한 바대로 제작비는 책마다 다르기 때문에 제작 업체에 견적을 의뢰하거나 www.BookBiz.or.kr 사이트에서 제공되는 엑셀 시트를 사용하여 간단하게 계산해 볼 수 있다.

:: **창업자금 마련하기**

세상 모든 경험에는 비용이 든다. 출판을 해서 성공하든 망하든 자금이 필요하다. 사업은 남의 돈으로 하는 것이라는 말도 있다. 차입경영을 통해 잉여이익을 내는 사업의 속성을 지칭하는 말이다. 사업은 그렇게 호락호락하지 않은 것 같다.

자기자본

사업을 하려면 자금이 필요하다. 출판을 하려면 책 제작비와 사무실 운영비, 마케팅 비용, 물류비용 등이 들어간다. 이런 비용을 마련하려면 자기자본 아니면 타인자본이 필요하다. 자기자본은 쉽게 말해 자신이 갖고 있는 돈으로 출판을 하는 것이다. 선투자를 해서 책을 제작하고 판매하여 수익을 올리는 방법이다. 퇴직금을 사업자금으로 쓰거나 조금씩 모아둔 저축으로 충당할 수도 있다.

일반적으로 출판을 시작하는 사람들은 자금이 매우 부족하다. 들고 있는 돈도 거의 없고 그나마 있는 금액도 사업을 하기에는 적은 편이다. 그럼에도 마중물처럼 자기자본은 필요하다.

크라우드 펀딩

자금조달과 홍보를 동시에 해결할 수 있는 방법이다. 여러 명이 조금씩 소액투자를 하여 출판자금을 모으는 방식이다. 크라우드 펀딩 사이트에 새로 나올 책을 소개하고 관심 있는 사람들로부터 몇만 원씩 투자하는 방식이다. 대개 수백 만 원에서 수천 만 원까지 모금을 한다. 참신한 출판기획으로 목표금액을 훌쩍 넘기는 경우도 있다. 사전 홍보도 된다는 점에서 호응이 높다.

목표금액을 채우면 펀딩은 성공이다. 펀딩 성공은 출판자금이 확보 된다는 의미를 넘어 장차 출판될 책의 흥행을 가늠해 볼 수 있다. 많은 사람들이 펀딩을 할 정도로 좋은 책이라는 의미도 되기 때문이다.

정책자금

정부정책자금은 대개 대출금이다. 저금리로 대출보증을 해주는 방식이다. 즉 은행에서 대출을 받을 때 정부에서 대출에 대한 보증을 해주는 방식이다. 기업은 담보를 제공하지 않으니까 사실상 신용대출이 되는 셈이다.

정부의 정책자금은 중소기업진흥공단, 소상공인시장진흥공단, 신용보증기금, 기술보증기금 등 공공기관을 통해서 직접 대출해주거나 대출에 대해 보증을 해준다. 정책자금은 상당히 풍부한데 소규모 출판사들은 매출액이 적은 탓에 정책자금을 받기가 쉽지 않다.

특허를 보유하고 있는 어느 출판사에서 큰 금액을 지원받은 걸 본 적이 있다. 하지만 대개 문전박대 당하기 일쑤다.

출판진흥원 지원제도를 이용하기

출판진흥원의 지원제도는 대출이 아니라 지원금이다. 주로 우수한 도서를 대상으로 지원해준다. 우수도서 심사는 늘 공정성에 시비가 붙곤 했는데 이른바 '블랙리스트' 사건으로 인해 선정의 공정성에 타격을 입은 적도 있었다.

출판창업보육센터에 입주하면 보다 혜택이 많다. 임대료 지원뿐만 아니라 교육, 마케팅 지원, 제작 지원도 받을 수 있다.

지원금만을 바라보며 출판을 할 요량이라면 진작에 다른 일을 하는 게 낫다. 요행을 바라는 마음이 생기면 모든 일이 어려워진다. 정부의 지원금을 '눈먼 돈'이라고 생각하겠지만 그 눈먼 돈을 받으려면 눈 크게 뜨고 있어야 한다.

:: 출판사 창업은 이런 사람이 적합하다

어떤 사람들이 출판사를 시작하면 좋을까? 서점에 있는 책만큼이나 다양한 사람들이 출판사를 운영하고 있다. 어느 업종이든 해당 분야에 적합한 성향이 있다. 출판사를 시작하여 성공한 출판사 대표들을 보면 공통적인 특징이 있다. 단순히 몇 가지 특징만으로 성패를 예측하기는 어려울 것이다. 하지만 출판사 대표들이 꼽는 일반적인 요건을 살펴보면 다음과 같다.

책을 좋아하는 사람

무엇보다 책에 대한 관심이 높고 애정을 가진 사람이 출판사를 창업했을 때 성공할 확률이 높다. 독서를 하지 않는 사람이 출판사로 성공했다는 말은 들어본 적이 없을뿐더러 책이 잘 팔리지 않을 때 책에 대한 열정이라도 없으면 버티기도 어렵다. 사업을 시작하기 전에 자신이 진정 원하는 것이 책을 만드는 일인지, 아니면 돈을 버는 것인지 확실히 해야 한다.

새로운 것을 배우기를 좋아하는 사람

창업을 하면 모든 업무가 어설프다. 한 번도 해보지 않은 일을 하기 위해 새로운 기능을 배우고 낯선 사람을 만나 이야기를 나누어야 한다. 그리고 책은 한 권 한 권이 새로운 모험이다. 이것을 즐길 수 있어야 출판사 경영도 한결 수월해진다.

인간관계를 중요하게 생각하는 사람

사업을 돈으로만 생각하고 기계적으로 일을 진행하는 것은 좋지 않다. 다른 사업도 마찬가지겠지만 출판사 역시 제작처와의 관계, 서점과의 관계, 독자와의 관계 등 인간관계로 이루어져 있다. 사람을 사람으로 대하고 소중하게 생각하는 사람이 성공할 확률이 높다. 실제로 잘나가는 소형 출판사 대표들은 대인 관계는 물론 SNS 활동도 활발하게 하고 있다. SNS활동은 책 홍보와 연결되어 있어서 중요하다. 출판은 반복된 업무의 연속이다. 같은 일을 계속 되풀이해야 하므로 끈기와 인내가 필요하다.

퇴사 후 출판을 생각한다면

어느 순간 퇴사가 유행처럼 번진 적이 있다. 성공적인 퇴사를 위해 몰래 회사에서 딴 일을 한다면 서로에게 불행할 뿐이다. 업무에 충실히 하면서 출판을 익힐 수 있는 방법을 찾기 바란다.

출판사를 시작하는 사람들은 저마다 꿈이 있다. 독자를 만나거나 좋은 책을 출간할 때 큰 보람을 맛보게 된다. 이처럼 출판사는 독자가 필요로 하는 책을 출판하여 어떤 가치를 만들어낸다. 자신이 좋아하는 책을 읽고 만들면서 돈도 벌 수 있는 곳, 바로 '출판사'이다.

:: 독립출판과 1인출판

작은 출판사 모임을 가면 '독립출판을 한다'는 사람들을 만날 때가 있다. 그럴 때 마다 항상 그 분들께 '독립출판'이 무엇이냐고 물어 본다. 대개 아무 대답도 하지 못했다. 1인출판이 아니라 독립출판이라고 소개했을 때에는 뭔가 다른 의미가 있지 않을까 싶어서 질문한 것인데, 자신을 독립출판 하는 사람이라고 소개하면서 독립출판이 무엇인지에 대해 고민해보지 않은 것 같았다. 직업이라는 측면에서 대단히 아쉬운 일이다. 자신이 무엇을 하는지 모른다는 뜻이기 때문이다. 어떤 일이든 '업'의 정체성을 명확히 하는 일은 중요하다.

독립출판의 정의를 다음과 같이 정리해 보았다. '독립출판'이란 출판에 필요한 자본, 유통, 마케팅 등을 기존 출판시장에 얽매이지 않고 창작자의 기획에 따라 독특한 저작물을 출판하는 것이다. 독립출판물은 창작자가 자신의 주제의식을 드러내거나 기존 출판물에서는 볼 수 없었던 다양한 관점을 책 또는 잡지 등으로 표현한다. 따라서 상업성을 1차적으로 추구하는 기존 출판과는 구별된다.

독립출판으로 제작된 출판물은 대형서점을 통해 대량 유통되기보다는 작은 서점을 통해 유통되는 경우가 대부분이다. 음악분야에서 인디밴드들이 홍대 클럽이나 거리 공연을 하듯이 독립출판물들도 독특한 출판물을 주로 취급하는 작은 서점들을 위주로 소개되고 있다.

이런 분위기는 서점에도 영향을 주었다. 교보문고, 영풍문고 등

넓은 매장을 앞세운 대형서점이나 예스24와 같은 인터넷 서점이 주류를 이루는 가운데 서점 주인의 개성을 드러내는 작은 서점들이 생겨나기 시작했다. 이런 현상은 서점을 단순히 책을 사고파는 공간으로 인식하지 않고 자신만의 예술성이나 개성을 표현하고자 하는 사람들이 서점을 열기 시작하면서 생겨났다. 마치 허름한 동네의 작은 국수집에서 혼신의 힘으로 국수를 뽑아내는 사람처럼 말이다. 서점 운영이 예술적 활동으로 변화하는 문화현상이 독립출판물의 활성화에 도움이 되었다고 생각한다.

독립출판을 하고 있거나 하겠다는 사람들도 자신이 출판한 책이 베스트셀러가 되기를 은근히 기대하는 눈치다. 작게 시작했다고 크게 되지 말란 법은 없으니까 공들여 만든 책이 많은 독자들에게 관심 받기를 원하는 것은 당연하다.

독립출판에는 상업성보다는 예술성을 지향하는 책들이 많다. 저자가 직접 자기 책을 출판하여 책을 판매하는 경우가 대부분이다. 독자의 반응을 볼 겸 소량을 출판하여 서점에 내놓는 경향이 있다. 상업 출판물은 소량 인쇄를 해서는 비용이 커서 수지가 맞지 않는다. 하지만 독립출판 책들은 수지타산을 맞추기 보다는 출판에 의의를 두는 경우 많아서 일반적인 책에 비해 제작단가가 높더라도 출판하고 있다.

독립출판사나 1인출판사 모두 공통점은 작은 출판사라는 점이다. 혼자 일한다는 점에서는 1인출판사이다. 차이점이라면 1인출판사는 상업출판에 보다 초점을 맞추고 있다는 것이다.

:: 블랙컨슈머를 만나다

　책을 출판하고 얼마 지나지 않아 '독자' 라는 사람의 전화를 받았다. 자신이 오타를 발견했노라고 의기양양 말했다. 그놈의 오타는 고쳐도 고쳐도 또 나오는 성질이 있다. 주의깊게 살펴보지 못한 점을 송구스럽게 생각한다고 완곡히 사과 말씀을 드렸다. 그랬더니 그 '독자'는 자기가 오타를 찾아줬으니 책 한권을 달라고 요구했다. 출판사 해야 할 일을 친히 자신이 발견해서 알려주었으니 뭔가 보상이 있어야한다는 주장이다. 그럴듯해 보이는데 쓸쓸한 기분이 들었다.

　어떤 독자는 병원비를 달라고도 했다. 우리 출판사의 책을 사러 서점에 가다가 모서리에 부딪치는 바람에 상처가 났다는 것이다. 그 책을 사러가지 않았더라면 다치지도 않았을테니 병원비를 물어달라는 거다. 책 사러가다가 다쳐도 출판사는 책임이 없다는 안내글이라도 써놔야 할 판이다.

　출판사를 하면 상상도 못할 일들이 생긴다. 통과의례처럼 다 겪고 이겨내야 한다. 버티는 자에게 복이 있나니 KBS TV 〈1박2일〉의 진정한 승자 김종민처럼.

[출판사 인터뷰] 그들은 어떻게 출판사를 시작했을까?
〈소와다리〉 출판사 김동근 대표

1. 출판사를 시작하게 된 계기가 무엇인지 말씀해주세요.

저는 대학을 졸업하고 반도체 영업 업무를 했어요. 반도체는 대량 생산을 하고 대량 판매를 해야 하는 특징이 있습니다. 그러다 보니 일도 힘들지만 삭막하다는 느낌이 들었어요. 사람의 손으로 만든, 그래서 개성이 담긴 물건을 만들어 팔고 싶다는 생각을 했습니다. 그때 책이 눈에 들어 왔습니다. 일일이 손으로 공들여 만드는 일에 큰 관심이 생겨서 출판사에 취직을 하게 되었습니다.

30대 초반에 출판계에 입문하여 다소 늦게 출판 업무를 배웠습니다. 처음에는 책을 만드는 일이 좋았는데 얼마 지나지 않아 출판 편집자의 수명이 길지 않다는 것을 알게 되었습니다. 미래가 보이지 않는 거죠. 그래서 고심 끝에 다시 한번 용기를 내어 출판사 창업을 하게 된 것입니다. 이때가 35세입니다.

2. 첫 책은 일본어 책을 낸 것으로 알고 있습니다. 출판 분야는 어떻게 선정하였나요?

저는 대학 때 일본어를 전공했습니다. 그래서 초급 일본어 학습서를 출판 분야로 선정하였습니다. 잘 아는 분야, 잘하는 분야를 택해야 책을 만들 때 유리할 것이라 판단했습니다. 출판을 시작한 후에는 약간 범위를 넓혀서 외국어 분야로 가닥을 잡았습니다. 현재는 영어, 일본어 등 외국어 원서 중에서 저작권이 만료된 퍼블릭 도메인을 주로 선택하여 번역/출판을 하고 있습니다. 저작권이 만료된 저작물을 그대로 출판하는 것이 아니라 색다른 콘셉트로 접근하여 만들고 있습니다.

3. 출판사 이름이 독특한데요. 〈소와다리〉는 무슨 뜻인가요?

제가 겉보기와는 달리 검도를 배웠어요. 검도에는 '소와다리'라는 말이 있는데, 혼자서 100명을 상대로 싸우는 훈련이 있습니다. 어찌나 힘이 들었는지 아직까지 뇌리에 남아서 출판사 이름으로 사용하고 있습니다. '일당백'이 되어 출판을 하겠다는 뜻이기도 합니다. (웃음)

4. 출판사를 시작하실 때 자금은 얼마나 준비하셨나요?

사실 돈이 전혀 없었어요. 신용카드로 카드론을 2백만 원 받았습니다. 결국 빚으로 사업을 시작한 거죠. 이자도 비싸고 하루라도 늦게 입금하면 곧바로 신용 불량이 되기 때문에 매일매일 속이 타들어갔습니다.

전 재산 2백만 원은 종이를 사는 데 지출하였고, 인쇄비와 제본비는 출판사에 근무하면서 거래하던 업체들에게 양해를 구하여 신용거래(외상)를 했습니다. 1인출판사는 처음부터 신용거래를 하기 힘든데 제작 업체에서 많이 배려해 주었습니다. 책을 재빨리 판매하여 받은 수익금으로 갚을 작정이었습니다.

다행히 첫 책이 외국어 분야 베스트셀러에 올라서 제작 대금을 모두 결제할 수 있었습니다. 첫 책이 망했다면 아마 신용카드 연체로 신용불량이 되었을지도 모릅니다. 아무튼 그렇게 번 돈을 다음 책 제작비로 사용하고 그 책을 팔아 또 책을 만들기를 반복하면서 종수를 늘려가기 시작했습니다. 지금 생각해보면 외줄타기 같은 시기였습니다. 삐끗했다면 돌이킬 수 없었을 것입니다. 지금도 가끔 책이 안 팔려 출판사 문을 닫는 악몽을 꾸곤 합니다.

5. 출판사를 운영하면서 어려웠던 적이 있었나요?

시리즈 책을 한꺼번에 10종 출간한 적이 있습니다. 시리즈 책은 완결할 때 큰 의미가 있기 때문에 한꺼번에 제작하는 것이 좋다고 판단했습니다. 그러다 보니 제작비 압박이 심했어요. 그동안 제작 업체와 쌓은 신뢰로 우여곡절 끝에 제작을 마쳤습니다.

제작비를 빠르게 회수하기 위해 50% 할인 판매를 했습니다. 다행히 이 전략이 통해서 판매량이 늘어나기 시작했습니다. 책은 반값 할인한다고 해서 무조건 잘 팔리는 것이 아닙니다. 팔릴 만한 책을 할인할 때 판매가 되는 것이죠. 가격이 싸도 필요 없는 책은 독자가 사지 않습니다. 제가 출판하는 책은 저렴하면서 특별한 디자인으로 만들었어요. 책을 직접 보시면 이해가 될 겁니다.

6. 출판사를 운영하면서 좋은 점은 어떤 것이 있을까요?

책은 만들어놓으면 언젠가는 팔리는 것 같습니다. 자신의 노동력으로만 일을 하면 일할 때만 돈이 벌리는데 책은 일단 출간하면 제가 다른 일을 하고 있을 때에도 꾸준히 판매가 됩니다. 저는 온라인 서점을 중심으로 영업을 하고 있기 때문에 노트북만 있으면 길을 걷다 가까운 카페에 들어가 커피를 마시며 업무를 처리할 수 있어요. 시간과 공간의 제약에서 자유롭다는 게 장점 같아요.

7. 매출액을 공개해주실 수 있나요?

현재 1년에 약 1억 정도 매출을 올리고 있습니다. 하지만 제작비의 비중이 커서 순이익은 그리 많지 않습니다. 종수를 더 늘려서 극복할 생각입니다.

8. 출판 창업을 하려는 사람들에게 조언을 부탁드립니다.

출판사를 '책'의 측면으로만 접근하면 일이 어려워집니다. 업계의 시스템을 이해할 필요가 있습니다. 제작, 물류, 서점 영업, 홍보 등 출판사가 해야 하는 전반적인 부분들에 관심을 갖고 잘 알고 난 후에 창업을 하는 것이 좋습니다. 그리고 출판계의 미래가 어둡다고 하는데 저는 전혀 어둡다고 생각하지 않습니다. 모두 다 망할 때 흥하는 사람이 있고, 모두 다 흥할 때 망하는 사람이 있습니다. 흥하는 사람이 되기 위해서는 사업 계획을 촘촘하게 세우고 목표에 집중할 필요가 있는 것 같습니다.

내 작은 출판사 시작하기 / 02

내 작은 출판사 만들기

나의 꿈
작은 출판사

02

내 작은 출판사 만들기

:: 출판사 창업, 결심하셨나요?

이승훈 | 이미 출판사 창업을 하셨으니 잘 아실 것 같습니다. 출판사등록이나 사업자등록 절차가 복잡하던가요? 이런 절차를 어려워하는 사람들도 있습니다만.

김동근 | 아뇨. 전혀 어렵지 않아요. 생각해보면 창업 과정 중에 제일 쉬웠죠. 출판사등록과 사업자등록은 하루면 끝나는 단순한 서류 절차니까요. 전화 한 통이면 깔끔하게 해결되니까 고민할 필요가 없어요.

이승훈 | 네, 맞아요. 등록 자체는 크게 어렵지 않죠. 하지만 어떤 내용으로 등록할 것인지 정하는 것은 상당히 중요하다고 봅니다. 예

를 들어 출판사 이름이나 주소지 같은 것 말입니다. 미리 결정해 놓고 신청해야 하니까요. 출판사 이름이 중복되면 등록이 안됩니다. 중복인지도 모르고 출판사 신고하러 갔다고 되돌아 온 사람들도 있습니다.

김동근 | 명함도 미리 만들어야 합니다. 그러려면 출판등록도 하고 사업자등록도 해야겠죠. 인쇄소나 지업사에 가서 사람들을 만날 때 명함을 주지 않으면 실례가 됩니다. 상대방에게 나를 기억시킬 수가 없어서 일을 진행하기가 불편하기도 하고요.

명함이 없을 땐 스스로도 사업을 시작했다는 느낌이 별로 들지 않더군요. 저도 명함을 만들고 나서야 정신이 번쩍 들었어요. 책임감 같은 묵직함이 느껴졌어요.

· ·

:: **1인출판사 창업을 결심하기 전에**

1인출판사도 직업이다. 새로운 일을 시작하는 것은 늘 두려운 일이다. 새로운 일을 시작할 때 던지는 3가지 질문이 있다. 이 질문에 대한 대답이 명확하다면 출판사 창업을 해도 무방하다. 자신의 내면에서 울리는 소리에 집중하고 답을 해보기 바란다.

이 일을 왜 하고 싶은가?

예비 창업자가 가장 먼저 해야 할 일은 자기가 정말 출판사를 하고 싶은지, 그 이유가 무엇인지 찾아내는 것이다. 내키지 않은 일을 하게 되면 최선을 다하지 않거나 어려움이 닥쳤을 때 쉽게 포기할 수 있기 때문이다. 출판사를 창업하려는 여러 가지 이유가 있을 것이다. 그 이유를 곱씹어보면 진정으로 이 일을 원하는지 알 수 있다.

이 일을 꼭 해야 하는가?

출판업은 고난의 연속이다. 어려움을 참고 이겨낼 그 무엇이 필요하다. 힘들 때마다 자신을 잡아주는 중심축이 있어야 한다. 단지 '먹고 살기 위해서'라면 좀 더 쉽고 안정적인 일도 있을 것이다. 하지만 그보다 이 일을 통해 이루려는 큰 목적이 무엇인지 생각해보는 것이 좋다. 이것은 장차 기업의 미션이 될 수도 있고 인생의 목표가 될 수도 있다.

이 일을 할 수 있는가?

출판사를 운영할 능력이 있어야 한다. 출판사의 업무 분야는 실로 다양하다. 출판 업무에 대한 지식과 경험은 물론 책을 선별하는 능력, 일을 진행시키는 능력, 사람 관리 능력, 시대 흐름, 즉 트렌드를 읽는 감각 등이 필요하다. 또 출판에 소요되는 비용을 감당할 자금도 있어야 한다.

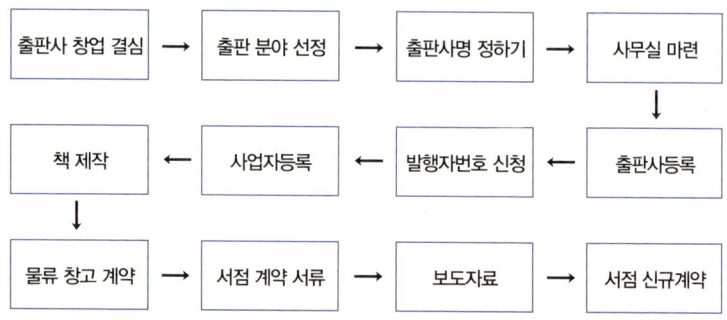

이 세 가지 질문에 대해 강한 확신을 갖고 답할 수 있다면 시작할 준비가 된 것이다. 만약 '과연 내가 해도 될까? 망하면 어떡하지?' 하며 1초라도 망설인다면 아직 출판사 창업을 할 마음의 준비가 되지 않은 것이다.

:: **출판 분야 정하기**

출판사를 시작하려면 가장 먼저 생각할 일이 있다. 바로 출판할 책의 분야를 정하는 일이다. 잘 팔릴 것 같은 책만 골라서 내면 되지 분야가 뭐 대수인가 싶겠지만 작은 출판사는 인력과 자본력의 한계가 있으므로 모든 분야의 책을 출판하기는 힘들다. 그러므로 자신의 경험을 최대한 살릴 수 있고 잘 아는 분야를 선택해 집중하여 출간하는 것이 좋다.

출판분야를 정하면 최신 트렌드, 독자 성향, 저자 발굴, 관련 커뮤니티 등의 사항을 좀 더 쉽게 파악할 수 있다. 다양한 분야에 관심이 있고 욕심이 나더라도 일단은 어느 한 분야에서 성공을 거두고 난 다음에 다른 분야로 넓혀가는 사업 전략을 권하고 싶다.

출판 분야를 정해놓으면 유리한 점이 있다. 첫째, 어떤 책을 낼지 결정하고 만들기가 훨씬 수월해진다. 돈이 되는 책은 유행에 민감한데, 유행을 따르다보면 이 책 저 책 찔러보다 시간만 보내는 경우가 허다하다. 둘째, 브랜드 파워가 생긴다. 한 분야의 책을 꾸준히 출간하면 그 분야의 전문 출판사라는 신뢰감이 생기기 때문이다. 이것은 영업 활동에도 상당한 영향을 준다. 셋째, 저자 섭외가 편해진다. 전문 출판사로 인식되면 그 분야의 전문가들이 관심을 보이기 시작한다. 평소 만나기조차 힘든 유명 인사가 연락을 해오는 경우도 있다.

출판 분야를 정했다고 끝이 아니다. 해당 분야의 규모를 파악해야 한다. 적당한 수의 독자가 있어서 판매량을 확보할 수 있는 분야인지 시장조사를 해야 한다. 예를 들어 같은 역사책이라도 한국이나 유럽 역사에 대한 책은 잠재 독자가 많지만 아프리카나 동남아시아 국가 역사책은 독자가 그리 많지 않을 것이다. 자신이 정한 분야가 시장조사 결과 수익을 낼 만큼 큰 규모의 독자가 없는 분야라면 다시 한번 진지하게 고민을 할 필요가 있다.

어느 분야를 공략할 것인지 정하는 것은 출판사 대표가 할 일이다. 누가 대신해 줄 수 있는 문제가 아니다. 1년 정도 꾸준히 출판 시장의 흐름을 주시하면서 출판 분야를 선정하도록 한다.

출판 분야 : 교보문고 분류					
소설	시/에세이	경제/경영	자기계발	인문
역사/문화	종교	정치/사회	과학	기술/공학
예술/대중문화	어린이	유아	어린이 전집	어린이 영어
가정/생활	요리	건강	취미/스포츠	여행
만화	잡지	초등학습	중/고등학습	사전
청소년	외국어	컴퓨터/IT	취업/수험서	대학교재
정부간행물	한국소개도서			

:: **출판 분야를 정할 때 꼭 봐야할 자료**

인터넷 서점 사이트를 보면 책들이 분야별로 잘 분류되어 있고 베스트셀러 순위와 갓 나온 신간을 정렬해서 볼 수 있다. 출판창업을 생각하고 있다면 자신이 선택한 분야에서 베스트셀러 100위까지, 그리고 신간 도서를 정기적으로 훑어보는 것이 좋다. 그러면 어떤 책이 잘 팔리고 어떤 책이 안 팔리는지, 요즘은 어떤 책들이 출간되는지 출판 시장의 흐름을 한눈에 파악할 수 있다.

출판트렌드만 보고 출판 분야를 정하면 근시안에 빠질 수 있다. 사회의 트렌드를 전반적으로 파악할 필요가 있다. 사회의 트렌드가 출판에 영향을 미치기 때문이다. 단기 유행을 트렌드로 오해하면 철 지난 책을 출판하게 된다. 막상 출판하고 나면 트렌드가 지나 버릴 수도 있어 주의가 필요하다.

출판 분야 : 예스24 분류					
가정과 생활	건강/취미/실용	국어와 외국어/사전	대학교재 (전문서적)	만화
문학	비즈니스와 경제	사회	수험서/자격증	어린이
여행과 지리	역사와 문화	예술/대중문화	유아	인문
인물	자기관리	자연과 과학	잡지	전집
종교	중고전집	청소년	컴퓨터와 인터넷	초등참고서
중고등참고서				

:: 출판사 이름 정하기

출판사 이름에는 그 출판사 고유의 정체성(identity)이 담겨 있다. 출판사 이름만 들어도 아, 여기는 어린이 책을 내는 출판사구나, 여기는 과학책을 내는 출판사구나 하는 것을 대번에 알 수 있다. 사소해 보이지만 출판사를 운영하는 데 큰 기둥처럼 작용한다. 출판사 이름은 훗날 출판 브랜드로 발전할 가능성을 염두에 두고 신중하게 정해야 한다. 오랫동안 신뢰가 쌓이면 나중에 출판사 이름만 들어도 '좋은 책을 출판하는 곳'이라는 이미지가 생겨 막강한 브랜드가 될 수 있다. 잘 지은 출판사 이름에는 독자들을 끌어들이는 힘이 있다.

출간한 책 한 권 한 권에 독자의 신뢰가 쌓이고 독자들이 그 신뢰를 바탕으로 출판사 이름을 보고 책을 구매할 때 비로소 브랜드가 된다. 아동서의 경우 책 구매자인 아이 엄마들은 출판사 이름을 곧잘 기억한다. 예를 들어 〈보리〉 출판사의 책을 접해본 독자가 결코 잊지 못할 감동을 책에서 느꼈다고 하자. 세심한 독자는 이토록 심혈을 기울여 책을 만드는 출판사가 어디인지 눈여겨보게 된다. 그리고 〈보리〉 출판사에서 나온 책들에서 비슷한 감동을 기대할 것이다.

독자에게 출판사 이름을 기억시키는 것은 대단히 어렵다. 유명한 몇몇 출판사를 제외하고는 브랜드라고 할 만한 출판사가 드문 것이 현실이지만 출판사 이름이 독자의 선택에 영향을 미친다는 것 역시 엄연한 사실이다.

:: 출판사 이름 등록 여부 확인하기

자기가 생각한 출판사 이름을 이미 다른 출판사가 사용하고 있을 수도 있으므로 반드시 출판사등록 전에 중복 여부를 확인해야 한다. 문화관광부에서 제공하는 〈출판사/인쇄사 검색 시스템〉을 이용

출판사 이름 검색 시스템

하면 현재 대한민국에 등록된 출판사의 이름과 현황을 검색할 수 있다. 같은 이름이라도 사업장 관할구역이 겹치지 않으면 출판사등록을 할 수는 있다. 예를 들어 서울에 〈라이온〉이라는 출판사가 이미 등록되어 있다면 서울에서 〈라이온〉이라는 이름으로 새로 출판등록을 할 수 없지만 인천에서는 가능하다는 얘기다. 그러나 이런 경우 문제가 발생할 소지가 있다. 완전히 같거나 유사한 이름으로 출판등록이 되어 있는 경우 독자는 물론 서점에서도 출판사 이름을 혼동할 수 있기 때문이다. 서점에서 엉뚱한 출판사로 주문을 넣거나 송금을 할 수도 있고, 다른 출판사 책이 자기 출판사로 반품되어 오는 경우도 있다. 이는 실제로도 가끔 벌어지는 일이다.

꼭 사용하고 싶은 이름이라면 다른 단어를 결합하여 사용하면 된다. 예를 들어 〈책공장〉이라는 이름을 꼭 쓰고 싶은데 누군가 이미 사용 중이라면 〈책공장북스〉, 〈책공장하우스〉처럼 다른 단어를 덧붙여서 쓰는 방법이다.

> **Q. 출판사 이름을 상표등록 해야 할까요?**
>
> **A.** 자신의 출판사 이름을 다른 사람이 사용하지 못 하게 하려면 상표등록을 해야 합니다. 상표로 등록되면 자신의 출판사 이름과 동일 또는 유사한 출판사 이름을 다른 사람이 사용하는 것을 막을 수 있습니다. 참고로 책 제목은 상표등록을 해도 법적 보호를 받을 수 없습니다.
>
> ※ 상표 무료 검색 사이트(www.kipris.or.kr)

출판사 신고확인증

① 신고번호		제 2011-0000 호	
② 명칭 및 소재지	명칭		소재지
	소리(1인무점포)		인천광역시 남구 주안동
③ 대표자	성명		주소
			인천광역시 남구 주안동
④ 신고 연월일	2011 년 08 월 03 일		

「출판문화산업 진흥법」 제9조제2항과 같은 법 시행규칙 제4조제1항에 따라 위와 같이 출판사 신고를 마쳤음을 증명합니다.

2011 년 08 월 03 일

인천광역시 남구청장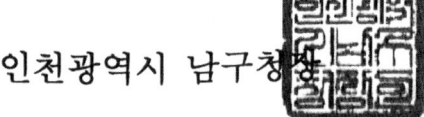

> 〈출판사 신고에 필요한 서류〉
>
> *출판사등록 신청서 (※ 해당 기관에서 제공해준다)
> *신분증
> *도장 또는 자필 사인
> *사업장 임대차 계약서 (※ 본인 소유 집인 경우는 등기부등본)

:: **출판사등록 신청 방법**

 엄밀히 말하면 출판사는 등록이 아니라 신고를 한다. 결격사유가 없는 한 출판사를 만든다고 통보만 하면 되는 것이다. 하지만 편의상 등록이라고 하겠다.

 출판등록을 어렵게 생각하는 사람이 많은데 출판등록 자체에는 어려운 것이 없다. 서류만 제출하면 끝이다. 출판등록은 사업장 주소지 관할 시·군·구청에서 한다. 대개 문화 관련 부서에서 담당하므로 미리 전화를 하여 출판사등록 업무를 하는지 필요한 서류는 무엇인지 확인하는 것이 착오를 줄이는 방법이다. 출판등록을 자주 하지 않는 기관에서는 담당자가 등록 절차에 대해 잘 모르는 경우도 있다. 출판등록이 지연되면 손해를 보는 것은 바로 당신이므로 반드시 전화로 확인한 후에 방문하는 편이 좋다.

 출판등록에 필요한 서류를 제출할 때 담당 공무원에게 '출판사 이름이 등록 가능한지' 꼭 물어봐야 한다. 문화관광부 사이트에서 검색했을 때 중복되지 않은 출판사 이름일지라도 막상 신청 단계에서 중복으로 검색될 수 있다. 등록이 거부되면 시간을 허비하게 되므로 반드시 물어보길 바란다.

　관할 기관에 방문하여 '출판사등록하러 왔다'고 하면 신청서를 준다. 기재 사항을 빠짐 없이 기록하고 첨부 서류를 제출하면 된다. 출판사는 다른 사업과 다르게 사무실을 별도로 마련하지 않고 집 주소로 사업자등록이 가능하다. 이것을 '무점포 창업'이라고 한다. 신청후 3일 정도 지나면 등록이 완료되며 담당자가 문자메시지나 전화로 등록여부를 알려준다. 등록면허세는 등록 후 출판사등록증을 받을 때 납부하게 되는데 금액은 지역에 따라 다소 다르며 서울의 경우 1년에 27,000원 정도이다.

::국제도서번호(ISBN) 신청

　ISBN은 국제적으로 통용되는 도서의 식별번호인데 맨 앞의 978은 해당 상품이 도서라는 의미이며 89는 도서의 생산지가 대한민국

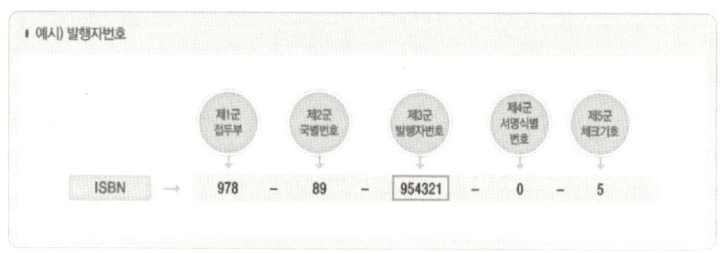

국립중앙도서관 서지정보유통시스템

ISBN 신청 페이지

이라는 국가번호, 그다음 숫자가 출판사에 부여되는 발행자번호, 그 다음이 도서번호, 마지막 숫자는 ISBN이 올바른 형태인지 확인하는 번호이다. 따라서 ISBN만 조회하면 그 책이 어느 나라의 어떤 출판사에서 나온 무슨 책인지 간편하게 알 수 있다. 책의 주민등록번호인 셈이다. ISBN을 받으려면 먼저 국립중앙도서관 서지정보유통시스템 사이트에 발행자번호를 신청해야 하며 그러기 위해서는 출판등록이 되어있어야 한다. ISBN은 바코드의 형태로 책에 인쇄되어야 서점에서 판매될 수 있으며 ISBN을 신청하면 원활한 검색과 분류를 위해 도서정보(CIP)도 입력할 수 있다. 국립중앙도서관에서는 도서정보 입력을 적극 권장하고 있다.

:: **사업자등록 절차**

사업자등록은 관할 주소의 세무서에서 하는데, 창업넷(www.changupnet.go.kr)에서 온라인 재택 창업 절차를 이용하면 세무서에 방문하지 않고도 등록할 수 있다. 그러나 가급적이면 직접 세무서에 방문해서 등록하는 것이 좋다. 세무서에 가면 세금 안내 자료도 받

〈사업자등록을 위한 준비 서류〉

*출판사등록증
*사업장 임대차 계약서
*대표자 신분증
*도장 또는 자필 사인

을 수 있고 사업 운영에 관한 질문도 할 수 있어서 도움이 된다. 더불어 탈세, 세무조사 같은 국세청의 무서움도 간접체험 해볼 수 있다.

출판사등록을 하고 곧바로 사업자등록을 해야 하는 것은 아니다. 사업자등록을 하지 않는다고 해서 출판등록이 취소되지는 않는다. 출판사등록과 사업자등록은 별개의 절차이기 때문이다. 사업자등록은 제작비용이 발생하기 전까지만 하면 된다. 사업자등록은 세금계산서/계산서 등을 발급하거나 받을 때 필요하다.

사업자등록을 하고 나면 4대보험 중에서 의료보험과 국민연금에 가입을 해야 한다. 의료보험을 가족의 피부양자로 등록할 수 없다. 국민연금도 지역가입자로 전환되어 금액에 변동이 생긴다.

:: 출판은 제조업 특성

출판은 업태가 제조업으로 분류되어 있었다. 현재는 사업자등록을 할 때 업태에 정보통신업, 업종에 출판업으로 신청하면 된다. 업태는 시대에 따라 산업특성을 반영하여 변경된다. 제조업이면 일반적으로 공장이나 설비가 있어야 한다. 과거에는 세무서 담당자가 간혹 인쇄소와 출판사를 혼동하여 출판사 주소지가 인쇄기계를 설치할 만한 장소인지 묻는 경우도 있다. 이때는 인쇄소가 아니라 출판사라고 정확히 알려주어야 한다. 담당자가 출판업에 대해서 모르고 물어 볼 수 있다. 그러면 컴퓨터 한 대 놓고 창업하는 것이며 인쇄는 인쇄소에서 외주제작을 한다고 설명해야 한다. 그렇지 않으면 사업장을 방문해서 실제로 인쇄기가 있는지 확인하겠다는 황당한 얘기를 들을 수 있다.

사업자등록은 크게 개인사업자와 법인사업자로 나눌 수 있다. 둘 중 무엇으로 할지 고민될 수 있는데 사업 초기에는 매출액이 크지 않기 때문에 개인사업자로 등록을 하는 게 간편하다. 나중에 매출액이 커지면 개인사업자의 사업소득세율이 법인사업자보다 높기 때문에 법인사업자로 전환하면 된다. 처음부터 크게 고민할 문제는 아니다.

개인사업자의 경우 일반과세자와 간이과세자로 나뉜다. 일반과세자는 매출액의 10%에 해당하는 부가가치세를 국세청에 납부해야 한다. 부가가치세는 완제품을 구입하는 최종소비자가 부담하게 되어 있는데, 소비자는 물건 값을 낼 때 부가가치세를 포함한 금액을 지불하게 되므로 판매자는 이를 국가에 납부하면 된다. 또한 원재료를 매입할 때 지불한 부가가치세는 환급을 받을 수 있다.

반면 연간 매출액 4,800만 원 이하인 경우 간이과세자로 신청할 수 있다. 간이과세자는 세금계산서를 발급할 수 없으며 부가가치세 환급도 되지 않는다.

:: 출판사는 면세업

면세라고 해서 모든 세금을 내지 않아도 된다는 것은 아니다. 부가가치세 납부 의무만 면제된다. 책은 부가가치세 면세 상품이기 때문

사 업 자 등 록 증
(일반과세자)

등록번호 : 131-34-57554

상　　　호 : 북스페이스
성　　　명 : 이승훈
개업 년월일 : 2012 년 08 월 24 일
사업장소재지 : 인천광역시 남동구 남동대로215번길 30
　　　　　　　13(고잔동,인천종합비즈니스센터3층)
사업의 종류 : 업태 제조업　　　종목 출판
　　　　　　　　　서비스업　　　　　　인터넷정보제공
　　　　　　　　　서비스업　　　　　　컨설팅

교 부 사 유 : 정정
공 동 사 업 자 :

사업자단위과세 적용사업자 여부 : 여(　) 부(v)
전자세금계산서 전용메일주소 :

2013 년 04 월 02 일
남인천 세무서장

에 책값에는 부가가치세가 포함되어있지 않다. 면세사업자는 세금계산서를 발행할 수 없는 대신 그냥 '계산서'를 발행할 수 있다. 그냥 계산서에는 부가가치세 항목이 없다. 즉, 부가가치세 환급도 받지 못한다는 뜻이다. 예를 들어 사업상 필요에 의해 컴퓨터를 구입했을 때, 지불한 가격에 포함되어있는 10%의 부가가치세를 환급받지 못한다.

만약 출판업 이외에 디자인 대행 등 다른 사업을 겸하고자 한다면 일반과세사업자로 등록하면 된다. 출판에 관해서 면세가 적용되고 디자인 대행업에 대해서는 과세가 적용된다. 결론적으로 자신의 사업 형태에 맞도록 면세사업자로 할지 일반과세사업자로 할지 결정하면 된다. 면세냐 과세냐 하는 문제는 '종목'에 따라 결정된다. 출판업 종목만 선택하면 면세사업자가 된다. 출판업 이외에 디자인 대행이나 광고업을 추가로 선정하면 일반과세사업자로 된다. 사업자등록을 마쳤다면 서류상으로는 출판사 사장이라고 할 수 있다. 출판사 홍보를 위해 '사장' 직함을 넣어 명함을 만들어도 된다.

:: **사무실 준비**

자금만 충분하다면 고민할 필요가 없다. 사무실이 있으면 독립된 공간에서 업무에 집중할 수 있기 때문이다. 집에서 공부하면 편할 것 같지만 사람들이 일부러 도서관에 가서 공부하는 것과 비슷한 이치이다. 사업 초기에 사무실 임대료가 부담스럽다면 비용을 최소로 하는 방법들을 찾아야 한다. 최근 부쩍 늘어난 소호 사무실을 활용하면 적은 비용으로 사무실을 차릴 수 있다. 단독으로 된 1인실도 있고 4~5인이 함께 쓰는 공동 사무실도 있다. 소호 사무실을 활용하는 방법이 작은 출판사에는 적합한 것 같다. 초기 비용을 아끼면서 회사로 출근하는 기분을 느낄 수 있기 때문이다.

다른 출판사의 여유 공간에 책상 하나를 빌리는 경우도 있다. 다소 눈치는 보이지만 출판사 운영에 대해 어깨너머로 배울 수 있다는 장점이 있다. 더부살이로 들어온 1인출판사가 기존의 출판사보다 규모가 커지면 배 아파하는 경우도 있으니 웬만큼 규모가 커진다 싶으면 빨리 독립하는 것이 인간관계 유지에도 도움이 되는 것 같다. 출판사 대표들은 개성이 강해서 좁은 공간에 모여 있으면 시끌시끌해지기 마련이다.

덧붙이자면 1인출판사의 장점은 언제 어디서나 일을 할 수 있다는 점이다. 조용한 도서관이나 분위기 좋은 커피숍에서도 일을 할 수 있다. 노트북 하나에 모든 자료를 담아두고 인터넷 연결이 원활하게 되는 곳이라면 일하는 데 큰 불편은 없다. 이런 형태의 업무 방식을 '노마드워킹'이라고 부르는데, 노트북을 펼치면 어디든 사무실이 되는 셈이다. 노마드워킹의 대가인 소와다리 출판사 대표는 언제 어디서나 일한 덕분에 베스트셀러를 여러 권 출판했다. 외근이 잦은 경우에는 굳이 고정적인 사무실을 얻는 대신 이런 방식으로 일을 하기도 한다. 그러나 사람이 많아 시끄러우면 업무집중도가 떨어진다는 단점도 있다.

∷ 필요한 장비 세팅

컴퓨터

극단적으로 말해 1인출판사는 달랑 컴퓨터와 전화기 한 대 만 있으면 시작할 수 있다. 편집과 제작은 외주로 맡기고 전화로 업무를 조율하면 되기 때문이다. 컴퓨터는 모든 업무의 기본이 된다. 데스크톱이 가격에 비해 성능은 좋지만 이동이 많은 사람에게는 다소 부적합하다. 출판 업무의 특성상 이미지 처리가 많은데 낮은 사양의 저렴한 컴퓨터는 작업 시간을 길게 만들 수 있으므로 처음 구매할 때 되도록 고성능 PC를 구입하는 것이 좋다. 외근과 이동이 잦은 1인출판사라면 노트북을 권한다. 가격이 다소 높더라도 15인치 이상 모델 중에서 가벼운 것을 고르면 된다. CPU 성능도 비교적 높은 것으로 선택하고 빠른 속도를 위해 메모리 용량도 큰 것으로 구입하면 좋다.

모니터

편집을 하다보면 동시에 여러 개의 문서를 열어놓거나 인터넷 창을 띄워놓고 검색하면서 편집 작업을 하는 경우가 많다. 그래서 일단 모니터는 크면 클수록 좋다. 와이드형 27인치 이상을 추천한다. 때로는 컴퓨터 한 대에 두 개의 모니터를 연결하여 듀얼 모니터를 쓰기도 한다. 예산이 허락한다면 투자할 가치가 있다. 디자인 작업을 스스로 하지 않는 경우라면 굳이 고가의 전문가용 모니터는 필요 없다.

프린터

프린터는 레이저프린터가 속도도 빠르고 인쇄 품질도 좋다. A3 사이즈까지 프린트할 수 있는 기종은 책을 펼친 면으로 인쇄할 수 있어 쓰임새가 많지만 가격은 꽤 비싸다. 비용이 부담스럽다면 A4 사이즈의 작은 기종도 상관없다. 컬러 레이저프린터도 준비하면 좋지만 유지비가 많이 든다. 컬러로 인쇄를 할 일은 그리 많지 않으므로 팩스 겸용 복합기를 구입해 이용하면 경제적이다.

외장하드

출판사는 책이 재산이다. 요즘은 모든 책의 데이터가 컴퓨터 파일로 저장된다. 하지만 언제 컴퓨터에 문제가 생길지 모르므로 반드시 외장하드나 웹하드에 백업을 해두어야 한다. 안전을 위해 백업한 외장하드를 백업하는 경우도 있다.

팩스

서점과 도서 공급 계약을 맺으면 서점은 매일 아침 주문서를 팩스로 보낸다. 출판업계는 여전히 관행적으로 팩스를 사용하기 때문에 반드시 필요하다. 작은 출판사라면 팩스기기보다 인터넷 팩스 사용을 권한다. 인터넷팩스는 이메일로도 확인이 가능하기 때문에 스마트폰으로도 언제 어디서든 팩스 내용을 확인할 수 있다. 주의할 점은 건실한 업체의 서비스를 신청해야 한다는 것이다. 인터넷 팩스 업체가 망해 서비스를 중단하면 어쩔 수 없이 팩스 번호를 바꿔야 한다. 팩스 번호를 바꾼다는 건 거래처에 바뀐 팩스 번호를 일일이 바뀐 팩스 번호를 다시 알려줘야 한다는 걸 의미한다.

컴퓨터 소프트웨어

출판사를 경영하고 책을 만들기 위해서는 몇 가지 소프트웨어가 필요하다. 책을 만들 때는 '인디자인'이라는 전문 편집 디자인 프로그램과 '포토샵', '일러스트레이터' 등 이미지 처리 프로그램, 그리고 글자체를 표현하기 위한 폰트 파일 등이 그것이다. 디자인 업무를 직접 하지 않고 외주 제작으로 맡기는 1인출판사라면 굳이 디자인 프로그램과 폰트 파일을 구입할 필요는 없다.

:: 사업계획서 만들기

책을 보며 여기까지 머릿속으로 그려봤다면 이제 사업계획서를 실제로 만들어볼 차례다. 사업계획서도 없이 출판사를 시작한다는 것은 주먹구구로 사업을 한다는 말과 같다. 사업계획서의 중요성은 아무리 말해도 지나치지 않다. 사업의 절반은 계획이라고 할 수 있으며 따라서 얼마나 촘촘하게 계획을 세우느냐에 따라 성패가 갈린다고 해도 과언이 아니다. 사업계획서라고 해서 꼭 거창할 필요는 없고 다음 사항을 포함하면 된다.

출판 분야와 그 분야의 시장성

사업 개시 시기

필요한 자금의 규모와 충당 방법

최초 1년간 출간할 도서의 원고와 출간 일정

일정대로 업무를 추진할 수 있는 수단

향후 출간할 원고의 조달 방법

출판사 운영비를 감당할 수 있는 목표 이익과 실현 방법

목표 이익 달성에 소요되는 시간

창업 후 1년 동안의 예상 손익

목표를 달성하지 못했을 경우의 대책

중장기 목표

출판사를 시작할 때 주요 고민 중의 하나가 바로 자금조달이다. 쌓아둔 자금이 없다면 큰 고민이 될 것이기 때문이다. 일단 자기자금은 있어야 한다. 무일푼에서 시작하기는 어렵다.

정부가 지원하는 정책자금 중에서 소상공인진흥공단에서 창업자금으로 소액대출이 있다. 이 정책자금을 받으려면 어느 정도 매출규모가 있어야 하고 사업전망이 좋아야 한다. 신청한다고 모두가 받을 수 있는 자금은 아니다. 현실적으로 거의 모든 은행은 출판사를 기피하는 경향이 있다. 폐업률이 높고 매출규모도 크지 않으며 기업건전성도 낮기 때문이다. 많은 출판사들은 고용인원도 별로 없으며,

제조업이라고는 하지만, 막상 직접 제조하는 것도 없다.

:: 비즈니스 모델(BM) 결정

모든 사업에는 비즈니스 모델이 있다. 출판사도 예외는 아니다. 출판사를 창업하려고 할 때 비즈니스 모델을 반드시 생각하고 시작해야 한다.

비즈니스 모델이란 한 회사가 고객 가치를 창출하고 그것을 고객에게 전달하여 회사의 수익을 내는 가치의 흐름을 말한다. 한마디로 어떤 방식으로 수익을 낼 것인지에 대한 해답이다.

출판사의 경우 비즈니스 모델이 비교적 단순하다. 일반적으로 출판사는 독자의 니즈를 파악하여 독자가 원하는 책을 기획하고 만들게 된다. 만든 책은 서점을 통해 유통시킨다. 서점은 독자에게 책을 판매하고 출판사와 수익금을 정산한다. 출판사는 책을 만들고 서점은 판매를 하는 구조는 오래된 출판비즈니스 방식이다. 책이 잘 팔리던 시절에는 문제가 없었다.

출판기획이 중요하고 출판마케팅이 점점 중요해지면서 더 이상 마케팅을 서점에 맡길 수 없는 지경이 되었다. 인터넷의 발달과 소셜미디어의 대유행으로 잠시 잊고 있던 사실이 부각되었다. 역시 독자가 중요하다는 점과 독자와 만나는 접점을 늘려야 한다는 불변의 사실이다. 독자가 누구인지 모르고 그들이 어디에 있는지 모른다면 출판사는 지속적으로 출판을 하기 힘들 것이다.

출판사는 책을 만드는 곳이지만 책만 만들면 모든 일이 끝난다고 생각하면 안 된다. 서점에 의존하는 마케팅으로는 독서인구의 감소와 출판시장의 변화에 대응할 수 없기 때문이다.

출판비즈니스를 어떤 방식으로 할지 비즈니스 모델의 결정과 재검토가 필요하다. 동물책, 요리책, 수공예책 등 특정 분야에 집중하는 출판사들은 단순히 책만 만들어내지는 않는다. 동물 관련 단체의 행사에 적극 참여해 일원이 되어 그들의 고민을 책에 반영한다. 물론 마케팅도 동시에 이루어진다. 수공예품에 관한 책이라면 저자를 설득하여 관련 강좌를 개설할 수 있다. 교육사업과 출판이 동시에 진행되는 비즈니스 모델이다. 교육은 자연스럽게 커뮤니티로 이어지고 결국 회원들의 참여도가 높아진다.

출판사에서 쉽게 생각하는 사업모델에 온라인교육(이러닝)이 있다. 출판의 비즈니스 모델과 온라인 교육의 비즈니스 모델은 차이가 크다. 이질적인 비즈니스 모델을 연결시키려면 많은 고민이 필요하다.

출판물과 관련된 상품을 병행해서 판매하는 것은 시너지효과를 이룰 수 있어서 긍정적이다. 예를 들어 뜨개질을 하여 옷을 만드는 책을 출판하는 경우 뜨개질 재료를 판매하는 온라인쇼핑몰을 함께 운영할 수 있다. 이와 유사한 비즈니스모델을 잡은 출판사는 뜨개질 재료판매가 책 판매를 훌쩍 넘는 일도 생겼다.

비즈니스 모델이 명확할수록 출판사의 색깔이 뚜렷해지고 독자들에게 강한 인식을 심어줄 수 있다. 작지만 강한 출판사가 오래간다. 그렇게 되려면 출판 비즈니스 모델을 결정하고 사업을 추진해야 한다.

[지원정책]

1인출판사를 위한 출판지원제도

출판 관련 주요 기관은 한국출판문화산업진흥원(www.kpipa.or.kr)이다. 출판과 관련된 모든 지원제도 공고문을 볼 수 있다. 해마다 지원 사업과 범위, 지원금이 바뀌고 있으므로 '변경된 내용을 반드시 확인'하기 바란다.

〈세종도서 선정 및 구입 사업〉

출판된 도서를 대상으로, 양서 출판 의욕을 진작시키고 국민독서 문화향상을 위해 해마다 우수한 도서를 선정하여 구입 해주는 지원사업이다. 과거에 '우수도서' 선정제도이다.

- 지원 금액 : 약 85억 원
- 지원 분야 : 학술분야, 교양분야
- 지원 정도 : 종당 800만 원 이내 구입

〈우수콘텐츠 출판지원 사업〉

출판 예정 도서를 대상으로, 우수 저작을 발굴하여 국내 창작 활성화를 도모하고 저자에게 출판 기회를 제공하는 지원 사업이다. 출판사의 우수 출판콘텐츠 확보 기회가 될 수 있다.

- 지원 규모 : 약 10억 원

- 선정 편수 : 총 100편

- 지원 금액 : 편당 900만 원(저작상금 300만 원 + 출판지원금 600만 원)

- 지원 자격 : 대한민국 국민(저자) 누구나, 출판사

- 지원 분야 : 인문교양, 사회과학, 과학 등

〈우수콘텐츠 전자책 지원 사업〉

목적 : 중소출판사의 전자출판 역량 강화 및 양질의 전자책 확충

- 지원 대상 : 문화부·진흥원 등 기관 추천도서 및 일반도서

- 지원 내용 : e-Pub, PDF 등 형식의 전자책 제작비 지원

〈멀티미디어 전자책 제작 지원〉

목적 : 다양한 기능을 탑재한 멀티미디어 전자책의 활성화

- 지원 대상 : 학술·문화적으로 가치가 크고 멀티 기능 구현 효과가 큰 곳

- 지원 내용 : 멀티미디어 앱북 제작비(해외 진출을 위한 번역비 포함 가능)

〈기타〉

- 대한민국 우수 전자책 시상, 수출 지원 등

※ 정확한 출판지원금 신청요건, 지원 범위 등은 해마다 변동되므로 반드시 〈한국출판문화산업진흥원 홈페이지〉를 확인하기 바란다.

내
작은 출판사
시작하기

03

출판기획과 마케팅

나의 꿈
작은 출판사

03
출판기획과 마케팅

:: 어떤 책을 만들고, 어떻게 판매할 것인가?

이승훈 | 출판기획이라……. 추상적이라서 감이 오지 않는데요. 출판기획은 구체적으로 무엇을 말하는 것인가요?

김동근 | 출판기획은 한마디로 어떤 책을 만들어 어떻게 팔 것인지 구상하는 일입니다. 뜬구름 같은 막연한 아이디어를 조금씩 구체화해서 앞으로 만들 책의 내용과 판매 방법, 그러니까 마케팅 수단을 정하는 것이죠.

이승훈 | 일반적으로 마케팅은 제품이 나온 다음에 할 일로 생각하는 것 같은데요. 저는 책 구상 단계인 기획에서 함께 설명하려고 합니다. 마케팅 계획은 책 기획과 동시에 이루어져야 하니까요.

김동근 | 동감입니다. 어떻게 팔아야 할지 막막한 책은 만들면 안 됩니다. 팔릴 거란 확신이 드는 책을 만들어 열심히 팔아야죠. 사업계획, 출판등록, 사업자등록을 마치고 업무 공간과 장비까지 준비가 되었다면 이제 본격적으로 책을 만드는 작업에 뛰어들 차례입니다.

이승훈 | 서점에 보면 간혹 서점직원들에게 사탕이나 선물을 주는 사람들이 있는데요. 직원이 마지못해 받는 경우를 봤어요. 뭘 좀 먹여야 될까요?

김동근 | 과거에는 직원들 생일까지 챙기는 등 로비가 심했던 것 같습니다. 요즘에는 그렇지 않죠. 그렇게 하면 욕먹어요. 청탁금지법도 있고요.

∙ ∙

:: 어떤 책을 만들 것인가?

밤 늦은 시간 퇴근길 전철 안에서 스마트폰에 고개를 숙인 채 힘들지만 즐거운 표정을 짓는 직장인들을 자주 보곤 한다. 오랜 시간 전철을 타고 가면 독서를 하기에 좋다. 더구나 시끄럽지 않고 북적이지도 않다면 독서하기에 안성맞춤이다. 하지만 요즘 전철에서 독서

하는 사람을 보기란 대단히 어렵다. 하루 일과에 지친 직장인들에게 스마트폰 대신 책을 읽으라고 말할 수 있을까? 책은 중대한 기로에 선 것 같다.

출판기획자는 기획을 하기 전에 다음 질문에 명확한 답을 갖고 있어야 한다.

"그거 인터넷에 다 있는 내용 아닌가요?"

인터넷에 있는 내용과 책의 내용이 어떻게 다른지 확실하게 설명할 수 있어야 한다. 굳이 책을 구입해서 봐야 하는 이유가 없으면 독자는 책을 구입하지 않을 것이다.

인터넷에서 검색만 하면 수많은 정보들이 쏟아진다. 스마트폰만 있으면 읽을거리와 볼거리를 무한정 접할 수 있다. 그런데 왜 사람들은 굳이 책을 읽는 것일까? 출판을 하고 싶다면 이 문제부터 생각해 볼 필요가 있다. 책과 인터넷에 있는 정보의 차이점을 구분하지 못하면 출판이 어려워질 수 있다.

인터넷에 있는 내용이더라도 시간을 절약할 수 있도록 일목요연하게 정리가 되어 있다면 독자는 책을 구입할 가치를 느낄 것이다. 스마트폰을 보는 것보다 책이 더 재미있다면 책을 읽게 될 것이다. 이것이 책이 주는 가치이다. 독자는 이런 가치가 있을 때 구매를 하게 된다.

:: 출판기획이란?

출판기획은 아이디어 구상에서 시작하여 저자 섭외, 원고 조달, 편집, 디자인, 제작, 마케팅, 예상 판매량 산정에 이르는 방대한 범위의 작업을 말한다. 책의 콘셉트를 개발하는 것뿐만 아니라 그에 적합한 저자를 찾아내고 어떤 식으로 편집을 하고, 이렇게 만들어진 책을 독자들에게 어떤 방식으로 홍보하고 어디서 어떻게 판매할 것인지 계획하는 것까지도 출판기획의 범주에 들어간다. 출판기획을 하려면 늘 트렌드 변화에 관심을 갖고 있어야 한다. 남들보다 한 발 빠르게 독자의 욕망을 읽어낸 책들이 베스트셀러 목록에 오르는 것 같다. 출판기획을 하는 방법은 매우 다양해서 어느 하나가 정답이라고 말하기 어렵다. 어떤 사람은 외국의 도서 출간 동향을 꾸준히 체크하기도 하고 또 어떤 사람은 블로그나 카페 등 사람들의 관심거리가 무엇인지 촉각을 곤두세우기도 한다. 참으로 많은 사람들이 여러 분야에서 다양한 관심을 갖고 있기 때문에 각양각색의 책들이 나올 수 있는 것이다.

책을 만드는 시작점은 출판기획서를 작성하는 일이다. 까짓것 머릿속에 다 있는데 안 쓰고 시작해도 되지 않느냐고 반문할 수 있다. 하지만 일목요연한 출판기획서는 길 잃은 원고의 방향을 잡아주는 역할을 하게 된다. 한 권 출판하고 끝낼거라면 굳이 출판기획서가 필요하지 않을 것이다. 모든 출판기획서가 전부 책으로 출판되는 것도 아니다. 그러나 여러 권을 기획 하다보면 좋은 아이디어가 추려지고 출판할 수 있는 책이 눈에 보이게 될 것이다.

물론 방대하고 치밀한 기획서가 언제나 성공을 보장하는 것은 아니다. 잘 될 것이라고 믿어 의심치 않았던 책도 독자의 외면을 당하는 경우가 허다하다. 하지만 기획서조차 없다면 책은 길을 잃고 초점이 흐려져 독자로부터 더 멀어지게 된다.

:: 출판기획서 만들기

기획서에 특별한 양식이 있는 것은 아니지만 꼭 들어가야 하는 공통적인 사항들은 다음과 같다.

콘셉트

이 책은 어떤 책인지, 독자는 왜 이 책을 사야 하는지 한마디로 표현한 것이 바로 콘셉트이다. 이 책은 누구를 위한 어떤 내용의 책이라고 간단명료하게 말할 수 있어야 콘셉트가 명확한 책이라고 할 수 있다. 콘셉트가 애매한 책은 독자의 선택을 받기 어렵다.

제목(메인 타이틀)

책이 담고 있는 주제를 가장 단적으로 알 수 있는 것이 바로 제목이며 제목은 판매에 대단히 큰 영향을 미친다. 어떤 출판사 대표는 책 판매에서 제목이 8할, 표지가 2할이라고 할 정도이다. 심지어 내용을 전달 받지 못한 상태에서 제목 하나 때문에 출판계약을 하는 경우도 있으므로 제목을 정할 때 많은 고민을 해야 한다. 독자의 마음을 파고드는 책 제목이 필요하다.

부제(서브 타이틀)

제목은 대개 짧고 간결하기 때문에 책의 콘셉트를 명확히 표현하는 데 다소 부족할 수도 있다. 그것을 메워주는 것이 바로 부제이다.

유인 문장(헤드카피)

유인 문장이란 어떤 욕구를 가진 독자의 관심을 끌 만한 자극적인 문장을 말한다. 이 책은 이러이러한 책이니(제목과 부제) 저러저러한 사람들은 꼭 봐야 한다는 식으로 독자를 유인한다.

대략적인 목차

실력 있는 편집자는 목차만 봐도 좋은 책인지 아닌지 구별할 수 있다. 인터넷 서점을 이용하는 독자들은 목차를 보고 자신에게 필요한 내용의 책인지를 가늠하기 때문에 목차의 구성은 매우 중요하다.

예상 독자층

책은 독자가 있어야 존재하는 의미가 있다. 박물관에 전시할 책이 아니라면 많은 독자가 읽는 책이 의미를 가질 수밖에 없다. 이 책을 누가 읽을까, 그 사람들은 어떤 특징을 가지고 있을까, 어떤 책을 산 사람들이 이 책에 관심을 보일까 등등의 내용이 들어가야 한다. 예상독자층은 구체적으로 작성해야 한다.

저자 선정, 원고의 조달 방법

기획자는 어떤 방법으로 원고를 확보할지 미리 생각해야 한다. 유명한 저자나 그 분야에 정통한 저자, 파워블로거 또는 외서 수입 등의 방법으로 조달할 수 있다. 현실에서는 적합한 저자를 찾기가 참 어렵다.

관련 시장 분석

해당 분야의 베스트셀러, 신간 출간 경향과 판매 추이, 경쟁도서의 판매 상황 등을 종합적으로 분석해야 한다. 베스트셀러 분석은 독자들이 어떤 주제에 관심이 있는지를 보여주며 활발하게 신간이 출간되는 분야라면 시장에 구매력을 가진 충분한 수의 독자가 있다는 의미이다. 또한 출간하려는 책과 유사한 주제를 가진 경쟁도서를 분석하면 내 책의 예상 판매량도 어느 정도 계산할 수 있다. 독자가 적은 분야는 수익을 창출하기 힘들기 때문에 진입을 재고해야 한다.

유사도서/경쟁도서와의 차별성

사람들은 베스트셀러를 신뢰하는 경향이 강하다. 그래서 주제가 비슷한 책일 경우 판매량이 더 많은 책을 고르게 된다. 기존의 베스트셀러에서 부족한 점을 내 책이 메울 수 있는지, 그 책보다 뛰어난 점은 무엇인지 확실히 어필해야 한다.

제작비와 손익 계산

기획자는 시장을 조사하면서 원고와 잘 어울리는 책의 규격과 디자인을 조사하여 제작비용을 산출한다. 그리고 가격을 정해서 책이 예상 판매량만큼 팔리면 손익분기점을 넘기고 수익을 창출할 수 있을지를 따져봐야 한다. 제작비를 고려하지 않은 기획은 무용지물이 될 수 있다.

마케팅 수단

기획자는 책을 어디서 누구에게 어떻게 팔 것인지 미리 계획해야 한다. 서점 광고나 이벤트 등이 가장 일반적인 방법이고 관련 단체에 홍보를 하거나 기관에 납품하기 위해 영업 활동을 하는 출판사도 많다. 처음부터 이런 경로를 염두에 두고 기획을 하는 경우도 있다.

이러한 기본적인 항목에 자신이 개발한 항목을 추가하여 문서로 만들어두면 아이디어가 떠올랐을 때 신속하게 기획서를 작성할 수 있을 것이다.

:: 독자의 니즈는 어떻게 파악할 수 있을까?

어느 분야이든 상품기획을 하기 전에 소비자의 니즈를 파악하기 마련이다. 책도 마찬가지이다. 독자가 가진 욕구를 파악하고 그 욕구를 해소시켜주는 책을 만드는 것이 중요하다. 독자는 원하지 않는데 저자와 출판사만 원하는 경우에 비극이 발생한다.

가장 쉬운 방법은 잘 팔리는 책, 그러니까 베스트셀러를 관찰하는 것이다. 그러면 독자들이 지금 어떤 것에 관심이 있고 무엇을 원하는지 엿볼 수 있다. 만약 오래전에 나온 책이 꾸준히 팔리고 있다면 앞으로도 계속 원할 가능성이 있는 분야라고 볼 수 있을 것이다. 그런 책들 위주로 파악해 보면 독자들이 어떤 책을 선호하는지 알 수 있다. 또한 서점에 직접 가서 책만 보지 말고 책을 들춰보는 사람들을 관찰하면 그들이 가진 관심사를 어느 정도 파악할 수 있다. 하지만 서점에 베스트셀러처럼 쌓아놓은 책 중에는 실제로 베스트셀러가 아니라 광고를 위해 진열한 책도 있으니 주의가 필요하다.

또한 포털 사이트의 블로그나 카페 중 방문자, 회원 수가 많고 활동이 활발한 곳을 분석하는 것도 출판기획자의 일상 업무 중 하나이다.

:: 시리즈를 염두에 두고 기획하라

영화도 흥행에 성공하면 속편이 제작되듯이 책도 한 권을 내어보고 반응이 좋으면 후속을 연달아 출간하여 시리즈를 구축하는 경우가 많다. 첫 책이 일단 성공해서 인지도가 높아지면 제목 자체가 브랜드가 되기 때문에 시리즈로 출간되는 책에 독자들이 쉽게 반응하는 경향이 있다. 그래서 대부분의 출판사들은 시리즈를 내고 싶어 한다.

《OOO 천재가 된 홍 대리》 시리즈를 기획한 〈다산북스〉 출판사는 연이어 시리즈를 내고 있다. 기획도 좋고 내용도 알차서 많은 독자를 확보한 시리즈이다. 시리즈의 재미있는 특징은 두 번째 책이 나오면 첫 번째 책도 덩달아 잘 팔린다는 점이다. 시리즈 세 번째 책이 나와도 첫 번째 책이 팔리는 현상이 벌어진다. 이런 현상 때문에 시리즈를 구축하는 일에도 신경을 써야 한다.

시리즈의 대표는 문학전집이다. 민음사에서 나온 문학전집 시리즈를 한 권씩 사서 읽었던 기억이 난다. 최근에는 저작권이 소멸된 작품들이 늘어나 스테디셀러에 속하던 고전 시리즈가 의외로 각광을 받고 있다. 또한 전자책이 확산되면서 스마트폰에서 읽을거리를 찾는 독자들이 고전에 눈길을 주고 있다.

:: **출간 계획을 세우자**

출판할 책의 목록을 시기별로 배열한 것을 출간 계획서라고 한다. 출간 계획서는 출판사 운영의 근간이 되며 이를 바탕으로 출판사의 모든 활동이 계획된다. 물론 출판도 사람이 하는 일이라 100% 완벽하게 지킬 수는 없겠지만, 출간 예정 도서목록이 있어야 모든 업무가 중심을 잡을 수 있다.

이제 시작하는 단계인데 출간 계획서가 무슨 필요가 있느냐, 준비되는 대로 한 권씩 내면 되겠지 하고 생각하는 사람도 종종 있다. 이들은 출판업에 대해 전혀 모르기 때문이다. 책은 살아있는 생명체와 같다. 한창 팔릴 때가 있는가 하면 시간이 지난 책은 잘 팔리지 않는다. 이것을 책의 '라이프사이클'이라고 한다. 지금 잘나가는 책도 언젠가는 판매가 감소하고 나중에는 거의 팔리지 않게 된다. 그렇기 때문에 출판사는 꾸준히 책을 내야 하고 그러려면 출간 계획이 잘 짜여 있어야 한다.

: : **기획 단계부터 마케팅을 고려한다**

책을 잘 판매하기 위해서는 출판마케팅을 잘해야 한다. 마케팅은 단순히 영업 활동만을 의미하는 것은 아니다. 책을 만들고 어떻게 팔 것인가에 대한 해답을 만들어가는 과정이 마케팅이라고 할 수 있으므로 기획과 마케팅 작업은 동시에 이루어진다. 책을 기획할 때 이미 마케팅 계획을 다 준비해야 한다는 뜻이다.

"만들기 전에 팔아라."

이 말은 책을 기획할 때 마케팅 계획을 반드시 함께 세워야 한다는 뜻이다. 책은 이미 나왔는데 팔 곳이 없다면 너무 늦은 것이다. 마케팅 계획이 떠오르지 않거나 방법이 어렵다면 그 책은 기획 단계에서 걸러져야 한다. 그렇지 않으면 아까운 비용과 시간이 낭비된다.

예를 들어 블로그 마케팅에 관한 책을 기획하고 싶다면, 블로그 마케팅 책을 사줄 수 있는 곳을 먼저 찾아야 한다. 어떤 방법이 있을까? 블로그 마케팅 관련 인터넷 카페를 운영하는 사람을 저자로 섭외하는 방법도 좋다. 회원 수 3만 명인 인터넷 카페를 운영하면서 마케팅 강의를 지속적으로 하는 사람이라면 블로그 마케팅에 관한 책을 쓸 수 있는 저자 후보로 찜할 수 있을 것이다. 이런 저자가 쓴 책이라면 최소 5천 부 정도는 거뜬히 판매할 수 있을 것이다. 이런 마케팅적인 판단하에 저자를 섭외한다면 책이 나오기 전에 이미 판매처를 확보한 셈이다.

요즘은 강의를 하면서 지속적으로 독자를 확보할 수 있는 사람을 저자로 섭외하는 경우가 많아지고 있다. 전문 강사는 출판사의 입장에서 보면 검증된 콘텐츠를 보유하고 있을 뿐만 아니라 지속적으로 책을 홍보해주고 판매를 도와주는 역할을 하므

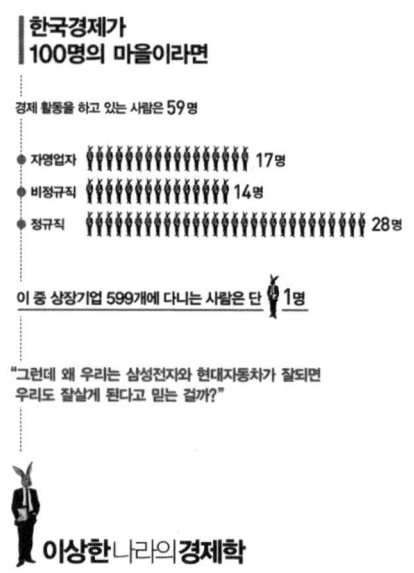

〈이상한 나라의 경제학〉 인포그래픽스 ⓒ어크로스

로 중요한 예비 저자가 된다. 강사 또한 자신의 이름으로 나온 저서가 필요하기 때문에 출판사와 상호 이익이 맞아 떨어진다. 자신의 책을 출간해서 강사 이력에 한 줄을 추가할 수 있는 장점이 있는 것이다. 물론 함량 미달의 책이 출간되는 경우도 있지만 어쨌든 출판사의 입장에서는 일정 수의 독자를 미리 확보할 수 있어서 좋다.

마케팅 방법은 무궁무진하고 책마다 마케팅 방법이 다르므로 출판사 대표가 가장 신경을 써야 할 부분이다. 새로운 마케팅 방법이 나올 때마다 연구해서 자기 출판사 책에 응용해야 한다. 다음은 기본적인 마케팅 방법들이다.

:: 소셜미디어 마케팅

'케빈 베이컨의 법칙'에 관해 들어본 적이 있을 것이다. 사람 사이의 관계를 나타내는 지수로, 친밀한 집단일수록 숫자가 낮다. 한국은 집단적 성향이 강해 미국보다 지수가 낮다. 페이스북은 한국인의 특성에 딱 들어맞는 서비스이다. 한국인은 다른 사람이 무엇을 하고 있는지 늘 궁금해 한다. 궁금한 건 못 참는 성격을 이용해 광고를 할 수 있다.

자주 사용하는 소셜미디어는 페이스북, 트위터, 인스타그램 그리고 블로그 등이다. 블로그는 여전히 많은 사람들이 사용하고 있고 댓글을 통해 소통이 가능하다는 점에서 소셜미디어로 분류한다. 시중에 나와 있는 페이스북 마케팅, 블로그 마케팅 책들을 참고하면 사용방법을 알 수 있다. 하지만 정작 중요한 내용은 그런 책에 없다. 마케팅 측면에서 소셜미디어의 핵심은 입소문이 일어나는 메커니즘을 이해하는 것이다. 즉 글의 확산 방법과 확산 속도를 증가시키는 요인을 분석해야 한다. 소셜미디어에서 어떤 글과 사진을 올렸을 때 반응이 오는지 파악해서 책을 홍보할 수 있는 효과적인 광고 콘텐츠를 만들어야 한다.

도서출판 〈어크로스〉는 《이상한 나라의 경제학》이라는 책을 홍보하기 위해 소셜미디어를 활용했다. 우선 이 책에 관심을 보일 예상 독자층을 분석했다. 저자가 이미 언론을 통해 알려져 있었으므로 독자층은 저자에 대해 잘 알고 소셜미디어에서 관계를 맺고 싶은 사람들로 우선 선정하였다. 기존 경제학 책을 비판하는 책이므로 이런 책에 관심을 가질 독자들의 성향도 파악하였는데, 모바일 기기와 인터넷 사용에 익숙한 세대라는 결과가 나왔다. 그래서 인포그래픽스와 웹툰을 제작하여 소셜미디어로 퍼트리는 방법을 사용하였다. 그 결과 일간지에 광고한 것보다 더 큰 효과를 보았다고 한다.

읽는 책에서 보는 책으로 책의 트렌드가 바뀌고 있다. 인포그래픽스는 정보를 직관적으로 전달하는 효과가 있다. 특히 지식을 다루는 출판 분야에서 인포그래픽스의 잠재력은 대단히 크다. 인터넷과 모바일 기기가 일상화되면서 긴 글보다 짧고 시각화된 자료가 주목 받고 있기 때문이다.

:: 이벤트

가장 흔한 이벤트는 사은품 증정과 도서정가제 한도 내에서 가격 할인이다. 책을 구매하면 물품을 증정하는 사은품 행사는 사은품이 책보다 더 끌리는 경우 효과가 좋다. 볼펜이나 메모지처럼 주변에서 싼값에 손쉽게 구할 수 있는 물건은 이벤트 효과가 작다. 사은품을 준다는 것이 생각만큼 쉬운 일은 아니다. 사은품이 파손되거나 조잡한 품질에 불만을 품은 구매자가 책을 반품하는 일이 생길 수도 있다. 이처럼 안 주느니 못한 결과가 발생할 수 있으므로 사은품 행사는 각별히 주의해야 한다.

할인율은 도서정가제에 의해 정가의 10%로 정해져 있으므로 사은품 제공이 보다 효과적이다. 사은품도 도서정가제 범위(정가의 5%) 내에서 이루어져야 한다. 어떤 출판사는 라면냄비를 사은품으로 제공했다가 도서정가제 위반혐의를 받아 곤란을 겪기도 했다.

:: 저자와의 만남

국내 저자가 쓴 책을 출판한다면 저자와 함께하는 세미나 또는 북콘서트를 개최하는 방법이 효과가 있다. 저자도 자기 책의 출판기념회를 하는 것이므로 마다하지 않고 강연을 한다.

행사를 할 만한 장소를 물색하고 예약한 다음 행사를 기획한다. 대형 출판사에서 기획하는 출판기념 북세미나에 참석해서 어떻게 진행되는지 미리 파악하면 도움이 된다. 저자 사인회와 현장 판매

준비도 잊지 말고 해야 한다.

이런 행사는 독자와 직접 만날 수 있는 소중한 기회이기도 하다. 책에 대한 솔직한 반응을 들어볼 수 있으며 독자들이 어떤 욕구를 갖고 있는지도 파악할 수 있다. 북세미나에 꼬박꼬박 참석하는 사람들은 주로 열혈 독자들이다. 감사한 마음으로 대한다면 기대 이상의 수확을 거둘 수 있다. 주의할 점은 관객 동원력이다. 무명의 저자라면 객석이 텅텅 빌 것은 불을 보듯 뻔하다.

:: 원고를 구하는 방법

출판기획을 하는 과정에는 원고를 입수할 루트를 찾는 것도 포함된다. 1인출판사에서는 출판사 대표가 직접 원고를 집필하는 경우도 있긴 하지만 주로 기획 원고, 투고 원고, 발굴 원고, 번역서 검토 등으로 얻는다.

① 직접 집필

속도나 내용, 전문성, 저자 인지도 등에 한계가 있다.

② 기획 원고

해당 분야의 글을 쓸 수 있는 저자를 찾아 집필을 의뢰한다.

③ 투고 원고

이미 글을 쓴 사람에게 원고를 받아 검토한다.

④ 발굴 원고

블로그, 카페, 신문/잡지에 있는 글을 모아 출간한다.

⑤ 번역서

외국도서는 번역하여 출판한다.

우리나라에는 책을 쓸 만한 역량을 갖춘 저자가 예상외로 부족하다. 블로그나 신문에 자주 글을 쓰는 사람이라면 책을 쓸 수 있는 기초적인 역량을 갖추고 있다고 볼 수 있다. 출판기획에 적합한 원고를 쓸 수 있는 저자를 찾아 대화를 나누는 것이 중요하다. 페이스북이나 인스타그램이 유행하면서 이런 소셜미디어에서 유명해진 사람들이 책을 출판하는 경우가 많아지고 있다.

:: **저자를 찾는 방법**

기획 아이디어가 떠오르면 원고를 쓸 수 있는 저자를 찾아야 한다. 가장 쉽고 확실한 방법은 인터넷 서점의 해당 분야 베스트셀러를 조사하고 그 저자를 통해 원고를 받는 것이다. 대부분의 출판사는 강의나 소셜미디어, 방송 등 여러 가지 활동을 활발하게 하고 있는 저자를 선호하는데 왜냐하면 책이 출간되었을 때 그런 루트를 통해 저자가 직접 책을 소개하는 것만큼 효과적인 홍보는 없기 때문이다.

베스트셀러를 낸 유명한 저자가 작은 출판사에 원고를 줄 확률은 낮다. 그러나 저자 주변에는 저자가 될 만한 사람들이 서로 연결되어 있으니 대화를 해보면 많은 것을 얻을 수 있다. 거절당하더라도 과감히 연락해보길 권한다. 실제로 저명한 교수에게 저작 의뢰를 했더니 다른 유능한 교수를 소개해준 경우도 있었다. 유입자 수가 많은 파워 블로거나 카페 운영자도 훌륭한 저자가 될 수 있다. 이런 경우에는 이미 책의 내용이 될 콘텐츠가 확보되어 있으므로 예비 저자군으로 각광을 받고 있다.

예비 저자와 대화를 나누려면 그 분야의 주제에 대해 많은 부분을 알고 있어야 한다. 관련 도서를 찾아 읽고 저자 후보들에 대해 조사하여 이전에 쓴 칼럼이나 블로그에 쓴 글들이 있다면 꼭 챙겨 읽고 만나야 한다. 만나는 사람에 대해 아무런 정보도 없이 나가는 것은 실례이다. 하다못해 대학생들이 소개팅을 할 때도 상대방에 대한 사전조사를 하는데 저자로 섭외할 사람에 대해 아무것도 모르면 될 일도 안된다.

출판사가 저자를 평가하듯이 예비 저자도 출판사를 평가한다. 예비 저자는 출간 미팅에 참석한 편집자나 출판사 대표를 매 순간 평가하고 느낌을 기억한다. 예비 저자의 마음속에는 '이 출판사에 내 원고를 맡겨도 괜찮을까? 제대로 된 출판사인가?' 하는 의구심이 있다. 1인출판사라면 더욱 그렇다. 막강한 실력과 책으로 완성시킬 수 있다는 의지와 역량을 보여주지 않으면 아무도 출판계약을 하려고 하지 않을 것이다.

출간계약서를 쓰기 전에 예비 저자에게 출판기획안의 중요한 부분을 전부 말하는 것은 정보 유출의 위험성이 있다. 한번은 저자와 대화가 잘되어서 책에 포함될 내용을 열심히 설명하고 부족한 부분을 채울 수 있도록 해주었다. 그런데 막상 출판 계약서를 작성할 즈음에, 그 예비 저자는 다른 출판사와 계약을 하고 말았다. 이름 난 저자를 섭외하는 일이 쉽지 않았다. 내 머릿속에 있는 모든 아이디어와 자료를 다 넘겨주었으므로 속이 허한 기분을 심하게 느낄 수밖에 없었다. 더구나 그 책이 베스트셀러가 되는 바람에 한동안 서점에 갈 때마다 기분이 썩 좋지 않았다.

:: **저자리스트 구축**

저자리스트는 평소에 꾸준히 정리해 두는 것이 좋다. 출간하고자 하는 분야에 어떤 필자들이 있는지 확인하고 리스트에 정리해 두는 습관이 필요하다. 처음에는 자료가 별 볼일 없지만 수년간 쌓이면 그 자체로 내공을 뿜어내기 시작한다. 이는 다른 출판사가 쉽게 복제할 수 없는 핵심적인 자료가 된다.

각종 세미나에 참석해서 저자가 될 만한 사람들을 눈여겨 두는 방법도 좋다. 강연과 세미나가 붐을 이루면서 강사들이 많아졌다. 수능 강사뿐만 아니라 자기계발, 마케팅, 페이스북 강사, 소셜미디어 마케팅 강사, 프레젠테이션 강사, 웃음치료 강사 등등 많은 분야의 강사가 있다.

:: 저자와 출판계약을 하는 방법

출판사는 좋은 원고, 괜찮은 저자를 섭외하는 것이 참 어렵다고 한다. 반대로 저자도 좋은 출판사를 만나는 것이 어렵다고들 한다. '좋은'의 의미가 무엇이냐에 따라 달라질 것이지만 서로의 눈높이가 맞지 않는다는 의미일 것이다.

저자와 출간하게 될 책에 관해 충분히 논의를 해서 의견이 일치했다면 출판계약서를 작성한다. 표준 출판계약서 양식을 구해서 사용하면 되는데, 출판사와 저자가 계약서의 의미에 대해서 알고 있어야 한다. 1인출판사를 창업하는 경우 출판사 대표도 계약서의 의미를 모르는 경우가 태반이다. 그냥 종이쪽지로 생각하거나 단순히 출판하려는 책의 개요를 적어놓은 종이로 생각하는 경향이 있다. 사소한 부분까지 논의하여 계약서에 명기하는 것이 상호 간에 좋다. 출판계약서에 도장을 찍는 순간 계약 내용은 법적인 효력이 생긴다. 저자는 기한까지 원고를 출판사에 보내야 하고 출판사도 계약 내용에 따라 책을 출판해야 하는 것이다. 만약 계약 내용대로 이행하지 않으면 상대방에게 손해를 배상해야 하는 법적인 책임이 뒤따른다.

예전에 저자와 출판 문제로 다툰 어느 출판사 대표가 어떻게 하면 좋을지 물어 왔다. '그냥 계약서 찢어버리면 되지 않을까요? TV 드라마 보면 많이 그러던데요?'라며 조심스레 묻는 출판사 사장을 보고 어이가 없어서 그냥 쳐다보고 있을 수밖에 없었다.

계약서 끝부분에 '특약사항'을 적을 수도 있다. 예를 들어 출간에 적합한 '완전원고'를 위해 전문 작가를 섭외하는 경우 작업 비용을 누가 부담하는가 하는 문제이다. 일반적으로 저자는 출판사에서 다 알아서 해주는 것이라고 생각하는데 원고에 대한 부분은 저자가 책임져야 할 부분이다. 인터뷰를 하여 책을 완성시키는 경우 인터뷰하는 사람의 비용이 들어가게 된다. 이런 비용을 누가 부담할 것인지 명확히 하지 않으면 문제가 발생할 수 있다. 찜찜한 구석을 남겨두면 꼭 거기에서 문제가 터지기 마련이다. 괜찮겠지 하며 넘어가지 말고 명확하게 해 두기를 바란다. 왜냐하면 출판사 운영은 취미가 아니라 사업이기 때문이다. 출판계약서에 관한 정보는 www.BookBiz.or.kr을 참고하기 바란다.

:: **저작권료(인세) 정하기**

저작권료는 대개 책값의 6~10% 정도에서 정해진다. 물론 특별한 사정이 있다면 6% 이하인 경우나 10% 이상인 경우도 있을 수 있다. 저작권료가 책값에서 차지하는 비중은 제작비용 다음으로 크다. 서점에 공급되는 금액으로 계산해 보면 인세를 10%로 잡았을 때 전체 매출액의 16.6%를 차지하게 된다. 제조원가 측면에서 보면 상당히 큰 부분이다.

정가의 6% 또는 10%처럼 일률적으로 인세를 책정하는 방식이 일반적이지만 슬라이드 방식으로 계약하는 방법도 있다. 예를 들어 초판 2,000부는 6%, 5,000부 초과 시 8%, 10,000부 초과 시 10%로 계약하는 것이다. 책이 베스트셀러가 될 가능성이 있다면 이 방식으로 계약하는 것도 나쁘지 않다. 초기에 출판사의 부담을 낮추고 많은 부수가 판매될 경우 인세를 많이 지급하는 방식이므로 저자와 출판사 모두에게 부담을 주지 않는 방식이다. 저작권료 계약은 저자와 출판사가 계약자유의 원칙에 따라 서로 협의하여 정하면 된다. 원활히 협의하지 않으면 나중에 괴로운 일들이 발생할수 있다.

:: 저작권료 지급시기

저작권료는 선인세(판매 전 지급), 후인세(판매 후 지급), 매년 정산, 분기 정산을 한다. 책의 판매량에 따라 적절하게 계약하면 되는데 잘 팔리는 책이라면 매월 또는 분기별 정산을 하면 되고 판매에 기약이 없으면 선인세 또는 후인세로 정산하면 된다. 선인세는 책 판매 전에 미리 지급하는 것이고 후인세는 책이 모두 판매되어 다시 제작하기 전에 지급하는 것을 말한다. 초판 1쇄가 다 판매되면 2쇄를 찍기 전에 정산을 하는 출판사도 있다.

:: 완전원고란?

완전원고란 즉시 출간할 수 있는 상태의 원고를 말한다. 저자는 출판사에 완전원고를 넘길 의무가 있다. 하지만 현실적으로 출판사에 완전원고 상태로 접수되는 원고는 거의 없다. 편집자의 도움으로 교정교열을 해야 하고 부족한 부분은 자료 조사를 하여 보충하기도 한다.

　최초원고에 없던 부분을 추가하는 경우에는 반드시 저자의 동의를 받아야 한다. 저자의 동의 없이 원고에 손을 대면 탈이 난다. 출판사와 저자의 관계가 좋을 때는 상관없지만 사이가 틀어질 때는 이런 부분 때문에 법적인 책임공방까지 갈 수 있다. 실제로 소송하는 경우도 심심치 않게 벌어진다. 출판사를 창업하면 소문으로만 듣던 일들이 당장 자신의 문제가 되어 내 앞에 떨어질 수 있다. 당하고 난 다음에 남 탓을 해봐야 소용없다.

　때로는 출판기획서와 상관없이 저자가 자기 마음대로 글을 쓰는 경우도 있는데 출판기획서는 출간 예정 책에 대한 저자와 출판사 사이의 약속이다. 약속과 다르게 원고를 쓰면 출판하기 어려워진다. 저작권료를 선불로 지급한 경우(선인세)에 저자와 출판사가 갈등이 생기면 이는 결국 감정 문제로 비화되어 싸우게 된다. 저자가 어떤 내용의 책을 쓰겠다고 미리 정하는 출판기획서에 맞게 글을 쓰면 출판사와 갈등을 줄일 수 있다.

　출판사도 출판기획서를 작성할 때 저자와 충분히 상의하면 불필요한 분쟁을 줄일 수 있다. '알아서 잘 해주겠지'라는 식으로 상대방에게 책임을 떠넘기는 것은 제대로 일하는 방식이 아니며 뒤탈이 생긴다. 특히 1인출판사의 경우 경험부족으로 인하여 일을 대충하는 경향이 있다. 작은 출판사라도 일을 대충하면 안 된다. 제대로 일을 마무리하는 방법을 생각하고 처리하면 좋은 성과를 낼 수 있다.

No	내용	저자의 일	출판사의 일
1	출판기획서 및 샘플 원고 작성	○	○
2	출판사 섭외 및 출간 의뢰	○	
3	저자 섭외 및 집필 의뢰		○
4	원고 검토		○
5	출판계약	○	○
6	원고 집필, 완전원고 작성	○	
7	원고 교정 및 교열		○
8	표지 디자인, 본문 편집 디자인		○
9	인쇄소, 출력소, 제본소 등 제작 과정		○
10	책 출간, 서점 판매, 저작권료 지급		○

출판 역할 리스트

:: 저자가 다른 사람의 저작물을 베낀 경우

저자가 쓴 원고의 내용에 다른 사람의 저작물이 출처 표시도 없이 게재되어 있다면 저작권 위반 문제가 발생할 수 있다. 이런 경우를 대비하여 출판계약서에 저작권법 위반에 관한 처리 조항을 포함시켜야 한다. 원고의 작성 책임은 1차적으로 저자에게 있다. 그러므로 저자는 원고에 저작권 문제가 없다는 것을 보증해야 한다. 책에 수록되는 사진, 도표 등 이미지들도 다른 책에서 무단으로 가져오거나 인터넷에서 출처가 불분명한 파일을 사용해서는 안 된다.

다른 사람의 저작물을 '부분 인용' 하는 경우 출처를 표시하고 사용할 수 있다. 분량이 많지 않다면 저작권법 위반이 아니다. 하지만 토씨와 단어를 교묘히 바꾸면 아무도 모를 것이라는 순진한 생각은 빨리 버리길 바란다.

:: 원고 검토 기준

청탁한 원고가 들어오면 빠르고 정확하게 읽어보고 원고가 애초에 기획한 대로 쓰여졌는지, 충실하게 작성되었는지 확인해야 한다. 김학원 저《편집자란 무엇인가》라는 책에 소개된 마론 왁스먼(Maron L. Waxman)의 '원고를 검토하는 네 가지 기준'은 꼭 기억해 둘 만하다.

첫째, 저자가 전달하려는 메시지가 분명한가?
둘째, 독자는 내용에서 원하는 것을 얻을 수 있는가?
셋째, 글은 정확하고 효과적인 방식으로 전개되고 있는가?
넷째, 독자에게 적합한 수준으로 전달하고 있는가?

이 기준에 따라 원고를 읽으면 좋은 원고와 함량 미달 원고를 구분하기 쉬울 것이다. 출간결정에 대한 책임은 출판사 대표에게 있다. 원고 선별 기준이 없으면 이것저것 읽어보다가 그냥 느낌으로 골라 계약한다. 몇 번 그러다 보면 폭삭 망할 수 있으니 주의가 필요하다. 함량 미달 원고지만 윤문을 많이 해서 책으로 만들면 시장성이 있는 경우에는 저자와 상의를 해야 한다. 전문적인 윤문 작가에게 손을 보게 할 것인지 아닌지를 결정해야 하는 것이다. 가능성이 있는 원고를 그냥 포기하기가 아까운 경우에 그렇게 할 수 있다. 이때 발생하는 비용은 누가 부담할 것인지도 사전에 합의가 되어야 한다. 그렇지 않으면 출판사는 나중에 저자에게 저작권 등의 위반으로 고소를 당하거나 손해배상을 해주어야 할 수도 있다.

:: 저자의 불만

저자들은 출판사 담당자가 저자가 몇 권을 사줄 건지, 얼마나 팔아줄 수 있는지, 홍보는 해줄 건지 등을 물어보면 크게 당황한다. 이런 일들은 모두 출판사가 해줄 것이라고 생각하고 있었는데 저자인 자신에게 하라고 하니까 불만을 갖게 된다.

사실 책 홍보에 있어서 '저자파워' 만큼 중요한 것도 없다. 책이 하도 팔리지 않다 보니 출판사에서는 구매력이 있는 저자를 선호하게 되었다. 책을 만들어놓고 팔리지 않게 되면 출판사는 크게 손해를 볼 수밖에 없기 때문이다. 저자가 갖는 불만 중에는 출판업무를 이해하지 못하는 데서 오는 것도 있다.

초보 저자의 경우 출판 프로세스를 모르다보니 저자가 할 일인데도 출판사가 알아서 해주겠거니 하고 생각하는 경우가 있다. 오해는 불신을 낳게 된다. 책은 저자와 출판사의 공동 작업에 의해 만들어진다. 각자 맡은 역할을 제대로 수행했을 때 비로소 좋은 책이 나오게 된다는 사실을 잊지 말아야 한다.

:: 과대망상에 빠진 저자

저자 중에는 글을 써서 출판사에 보내면 출판사에서 반길 것이라고 생각하는 사람도 있다. 현실은 정반대다. 저자가 원고를 써서 출판사에 보내는 경우보다 출판사에서 먼저 기획을 하여 글을 써 줄 만한 저자를 섭외하는 경우가 많다. 저자의 원고가 아주 좋아서 출판이 시작되는 경우라도 출판사의 기획 의도에 따라 많은 수정이 가해지기도 한다.

내가 직접 쓰고 출판한 《블랙컨슈머》 책이 문화관광부에서 우수교양도서로 선정되었다. 집필할 때만 해도 그 책이 《88만원 세대》에 버금가는 센세이션을 일으킬 줄 알았다. 《88만원 세대》는 20대를 취직도 안 되고 꿈도 잃어 월 88만원의 아르바이트에 기대어 살아가는 세대로 규정한 책이다. 대기업 회장들이 추천할 만큼 사회적으로도 이슈가 되었다.

《블랙컨슈머》는 《88만원 세대》만큼은 아니더라도 사회적 물의를 일으킨 악성 사건이 많았기 때문에 큰 이슈가 될 것으로 기대했다. 기업에서 제발 좀 와서 강의를 해달라고 밤낮으로 전화하면 어떻게 거절할까 고민했다. 그러나 찻잔 속의 태풍에 불과했다. 출간 즉시 이 모든 것이 망상이라는 걸 알게 됐다. 남은 건 수천 권의 재고뿐. 그나마 문화관광부에서 우수교양도서로 선정되어 숨통이 트였다.

우수도서로 선정되면 500만 원 상당의 도서를 국가에서 구입해 주기 때문이다.

:: 출판사가 싫어하는 저자

저자들 중에는 자기가 원고를 쓰면 출판사들이 줄을 서서 '아이고 작가님, 너무 고맙습니다. 어떻게 이런 글을 쓰셨어요. 책으로 나오면 초대박이에요' 하고 호들갑을 떨며 원고를 받아 갈 것이라고 말하는 이들이 있다. 이런 저자를 보면 출판사 직원들은 속으로 '참 어이없네' 하고 생각한다. 저자들은 대개 예민하면서 겸손한 사람들이 많다. 그러나 그렇지 않은 경우도 있다. 안하무인으로 행동하는 사람은 어디에서든 환영받지 못한다.

:: 원고 검토가 늦어지는 이유

저자가 원고를 출판사에 보내면 출판사에서는 출판을 할 것인지 결정하게 된다. 원고를 한 번 읽어 보는 데에도 최소 서너 시간은 걸리는 일이다. 그러므로 초보 저자는 원고 검토를 받는 일조차 쉬운 것은 아니다. 대충 훑어보아도 2~3시간은 넘어가기 마련이다. 출판사도 기업이다. 기업에서는 시간이 곧 돈이다. 저자가 보낸 원고를 검토하는 것은 당연히 비용이 들어가는 일이다. 출판사에 원고를 보냈는데 감히 검토도 안하고 아무 답장도 없는 무례한 곳이라고 화를 내는 저자가 간혹 있다. 출판사는 수많은 저자를 상대하고 있고 처리하는 업무도 많아서 투고된 원고를 검토하기도 쉽지 않다는 점을 이해할 필요가 있다.

강풀 작가는 〈마녀〉, 〈조명가게〉 등 '웹툰'이라는 인터넷 만화를 통해서 유명해진 작가이다. 대학 시절 한겨레신문의 박재동 화백이 그린 만평을 보고 만화가의 꿈을 갖게 되었다고 한다. 대학 졸업 후 400여 곳에 이력서를 보냈지만 번번이 거절당했다. 만화 관련 프리랜서를 하다가 웹툰에 만화를 연재하여 인기를 얻게 되었다.

누구에게나 거절당하는 것이 기분 좋은 경험은 아닐 것이다. 특히 저자나 작가처럼 개성이 강한 사람일수록 더욱 그렇다. 거절당하면 기분은 언짢겠지만 두고 보자는 식으로 생각할 필요는 없다. 원고 청탁과 거절은 출판계에서 흔한 일이다. 강풀 같은 유명 작가도 무명 시절을 겪었다. 출간 거절은 유명 저자가 되기 위한 통과의례가 아닐까 싶다.

[출판사 인터뷰] 그들은 어떻게 출판사를 시작했을까?
〈책공장 더불어〉 출판사 김보경 대표

1. 출판사를 창업하게 된 계기와 동물 분야 책을 전문적으로 출판하게 된 이유를 말씀해주세요.

잡지기자로 10년 정도 일하다가 출판사를 창업했어요. 잡지사에 근무할 때 우연히 동물 관련 책을 보게 되었는데 관심이 갔습니다. 직접 책을 만들어보고 싶은 생각이 들어서 출판사로 이직을 알아봤어요. 하지만 다른 출판사에 취직하면 내가 관심 있는 책을 만들기 어렵겠다고 생각해서 나만의 출판사를 창업하게 되었어요.

창업을 준비하면서 1인출판사 대표들을 만나 동물 분야를 전문적으로 출판하는 것에 대해 물어봤는데 다들 '동물은 안된다'는 반응이었습니다. 고민이 많이 됐지만 하고 싶은 분야는 '동물'밖에 없었어요. 하고 싶은 일을 하고 싶었어요.

2. 현재 출판사 규모는 어느 정도인가요?

첫 책으로 《동물과 이야기하는 여자》라는 책을 2006년에 출간했어요. 그동안 꾸준히 21종의 책을 냈어요. 지금은 매출이 1억 4~5천만 원 정도 됩니다. 나름대로 자리를 잡은 셈이죠. 물류는 북센과 일원화 거래를 하고 있어요.

규모가 큰 출판사는 아니지만 동물 분야에서 인지도가 높아지고 있습니다. 신문이나 잡지사, 씨네21 같은 곳에서 연락이 오기도 하고 동물 관련 단체와 함께 행사를 하기도 할 정도가 되었습니다.

3. 창업 자금은 얼마나 갖고 시작하셨나요?

2천만 원 갖고 시작했어요. 혜화동에 살고 있는 집에서 창업을 했고 그 덕에 임대료 없이 유지할 수 있어서 다행이었습니다. 요즘 출판계가 어렵다고는 하지만 자리를 잡은 이유를 생각해보니 전문 출판사이기 때문이라고 생각합니다. 사실 처음에 출판을 하려고 했을 때에는 하고 싶은 분야가 참 많았어요. 하지만 동물 분야의 전문적인 사람들을 만나 이야기하면서 한 분야에 깊이 있는 기획이 중요하다는 것을 깨닫게 되었죠.

4. 출판을 하면서 제일 어려웠던 점은 무엇인가요?

아무래도 홍보였습니다. 도무지 마음대로 책을 알릴 수 있는 방법이 없잖아요. 첫 책이 나왔을 때 영화 시사회 이벤트도 하고 동물 관련 인터넷 카페에 가입하여 홍보 글도 올리곤 했습니다. 출판사 블로그를 만들어서 열심히 알렸지요. 비용을 안 들이고 할 수 있는 방법은 죄다 찾아서 했습니다.

저의 경우 동물을 좋아하는 매니아층이 있어 꾸준히 책을 사주는 열혈 독자들이 있습니다. 아무래도 한 분야를 꾸준히 하다 보니 이렇게 된 것 같습니다.

5. 출판사를 하면서 가장 좋았던 점은 무엇인가요?

1인출판사는 하고 싶은 일을 할 수 있게 해주는 직업인 것 같습니다. 회사에 취직을 했더라면 제가 하고 싶은 일들을 하지 못 했을 겁니다. 그 점이 제일 중요한 것 같습니다.

현재 동물 분야 책과 재생지로 책 만드는 일을 병행하며 출판계에서 인지도를 쌓아가고 있습니다. 만약 다른 출판사에 취직했더라면 제작비가 더 들어가는 재생지 사용이나 그다지 인기 없어보이는 동물 분야 책을 마음껏 출판할 수 없었을 거예요.

내
작은 출판사
시작하기

04

번역서 기획과 계약 방법

나의꿈
작은출판사

04

번역서 기획과 계약 방법

:: 외국 도서를 번역해서 출판하면 어떨까?

이승훈 | 해외 서점에 나가보면 좋은 책이 참 많던데요. 외국 도서 번역 출판의 장점은 무엇이 있을까요?

김동근 | 1인출판사는 국내 저자를 섭외하기가 쉽지 않아요. 특히 글 좀 쓴다 하는 유명한 저자는 기존 출판사들이 장악을 하고 있죠. 하지만 외국 도서는 열려있어요. 기획만 잘하면 좋은 책을 골라 출판할 수 있죠.

이승훈 | 번역서 기획을 하는 방법이 있으면 알려주세요. 어디에서 책을 찾고 어떻게 계약을 진행하는지 많은 예비 창업자들이 궁금해하는 것 같습니다.

김동근 | 대개 아마존 사이트에서 순위가 높거나 별점이 많은 책 위주로 살펴보면 됩니다. 일본은 가까우니까 직접 가서 보고 오는 사람들도 있습니다. 또 저작권이 소멸된 책들을 찾아보는 것도 1인출판사가 할 수 있는 방법입니다. 저작권료가 안 들기 때문이죠. 마음에 드는 외국 도서가 있다면 저작권 거래를 중개해주는 외서 에이전시에 의뢰하면 됩니다.

• •

:: 1인출판사는 번역서로 시작하라

창업 초기에는 국내 저자의 원고를 확보하기가 어렵다. 국내 유명 저자가 작은 출판사에 원고를 주는 경우는 참 드물다. 유명한 저자는 개인적인 친분이 아니고서는 아무에게나 원고를 주지 않는다. 출간된 책은 없지만 나름대로 인지도가 있는 예비 저자들 주변에도 출판사들이 수두룩하다.

만약 1인출판사한테 원고가 들어온다면 이 원고가 과연 좋은 원고인지 아니면 수많은 경쟁에서 밀려난 원고인지 파악 해야한다. 검증되지 않은 원고를 감사한 마음에 덥석 물었다가 후회하는 1인출판사 대표가 하나 둘이 아니다. 출판하려면 원고를 입수해야 하는데 작은 출판사 대표는 원고를 확보하기가 쉽지 않다.

작은 출판사가 안전하게 원고를 입수할 수 있는 방법은 역시 외국

도서의 번역 출판이다. 외국 도서를 번역해서 출간한 책을 줄여서 '외서'라고 부른다. 반대로 국내 저자의 도서는 '국내서'라고 한다. 외서는 주로 일본, 미국, 영국, 프랑스, 독일, 중국 등의 도서를 번역하여 출간한다. 베스트셀러 목록에 오르는 책들을 보면 번역서가 큰 비중을 차지하고 있음을 알 수 있다. 독자들의 다양한 지적 호기심을 충족시키기 위해 외국 도서의 번역은 필요하다. 국내 저자가 풍부하지 못한 상황에서 번역서가 그 자리를 메우고 있다.

해외시장에서 검증된 외서를 계약하여 번역 출판하는 것은 무명의 국내 저자가 쓴 원고보다 안정적이라고 볼 수 있다. 왜냐하면 일단 책으로 만들어졌다는 것은 원고의 완성도가 최소한의 기준을 충족시켰다고 생각해도 좋기 때문이다. 또한 이미 내용이 완성되어 있어 출간 일정을 맞추기에도 편하다. 기획 의도에 맞는 외서를 계약하여 출판하는 것이 1인출판사에게 여러모로 유리하다.

작은 출판사도 기획력과 약간의 자금력만 받쳐준다면 좋은 외서를 기획하여 출판할 수 있다. 1인출판사에서 첫 책으로 낸 외서가 베스트셀러에 진입하는 경우도 종종 볼 수 있다. 외서는 이미 책이 나와있으므로 읽어보고 검토하기 좋다. 마음에 드는 책은 다른 출판사와 경쟁하게 될 수 있으므로 빠르게 결정해서 판권을 확보할 필요가 있다. 판매량이 좋은 책은 이미 판권계약을 마친 경우가 많다. 외서라 해도 유명 저자의 도서를 계약하는 데에는 애초에 대형 출판사와 작은 출판사는 경쟁이 되지 않기 때문이다. 대형 출판사는 정보력이 있고, 저작권 수입을 중개하는 도서 에이전시도 마케팅 능력이 있는 대형 출판사에 비중을 두고 경쟁력 있는 책들을 먼저 소개한다. 작은 출판사는 그런 책을 구경조차 하지도 못 한다. 결국 좋은 출판기획으로 승부를 걸어야 작은 출판사도 살아남을 수 있다.

:: 해외도서 에이전시와 계약하는 방법

외국 출판사에서 발행한 책을 국내에 소개하여 판권계약을 중계해주는 업체를 '해외저작권 에이전시'라고 한다. 신원, KCC, 엔터스, 임프리마 등이 대표적인 저작권 에이전시들이다. 외서를 번역하여 우리나라에서 출판하고 싶다면 이런 회사들을 통해 계약해서 출판을 하면 된다. 해외도서 에이전시는 회원사들에게 정기적으로 메일을 발송하여 새로 나온 책들을 소개하고 있다. 소개된 책 목록을 보고 관심 있는 책이 있다면 에이전시에 연락하여 책을 받아 볼 수 있다.

저작권 에이전시에 출판사등록을 해놓으면 저작권 에이전시에서 새로 나온 외서들을 소개하는 이메일을 무료로 보내준다. 에이전시에 전화를 해서 출판사등록을 하고 싶다고 말하면 등록 절차를 알려준다. 출판사 이름, 연락처, 이메일 등 간단한 정보를 알려주고 사업자등록증과 같은 서류를 보내주면 등록이 된다. 자세한 도서 정보나 조사 자료는 유료로 제공하기도 하니 필요에 따라 비용을 지불하고 이용하면 된다.

에이전시에서 보내주는 자료 이외에 해외도서를 직접 찾아보는 방법도 있다. 외서 기획자들은 아마존닷컴(amazon.com) 도서를 검색해 보는 방법을 가장 많이 사용한다. 아마존에 올라온 도서들 중에서 관심 있는 책을 선정하고 리뷰를 검토하다 보면 시장성이 있을 것 같은 책들을 발견할 수 있다. 미국 시장에서 어느 정도 호응을 얻은 책이라면 국내시장에서도 좋은 반응을 얻을 수 있을 것이라는 예상이 가능하다. 에이전시에 출판권 조회를 의뢰하면 에이전시에서는 해당 외서의 출판권 계약이 가능한지, 아니면 이미 다른 출판사와 계약이 되어있는지 알려준다.

작은 출판사의 대표들 중에는 도서 에이전시 비용을 아끼려고 하거나 해외 출판사와 직접 협상하여 저작권료를 낮추려고 시도하는 사람들도 있다. 하지만 직접 계약이 되는 경우는 드물다. 대개 한국 에이전시에 문의하라는 답이 돌아온다. 왜냐하면 도서 에이전시들이 저작권을 관리하며 적절한 서비스를 제공하기 때문이다. 조급한 마음에 직접 계약을 하고 싶겠지만 비즈니스 관행을 무시하기 어렵다.

그래도 외서를 해외 저자와 직접 출판계약 하는 경우도 종종 있다. 그 저자의 입장에서는 잘 알려져 있지 않은 한국이란 나라에서 자기 책에 관심을 갖는다는 사실에 감격할 수 있다. 자기 책을 알아봐 준다는 것은 전 세계 어디에서나 작가를 감동시키는가 보다.

저작권 에이전시에 책을 알아 볼 때에 '괜찮은 책 없어요?'라며 팔릴만한 책을 찾아 달라고 하는 건 출판의 모든 기획을 대신 해달라는 소리이다. 정확한 제목을 알려주고 계약 여부를 알려달라고 해야 적절한 요청이 될 것이다. 에이전트는 출판사의 기획자가 아니다. 에이전트도 나름대로 시장을 분석하고 책을 검토하여 출판사에 제시해준다. 하지만 다양한 관심을 갖고 있는 출판사들에게 일일이 원하는 떡을 먹여줄 수는 없다. 출판사가 해야 할 일과 에이전시가 해줄 수 있는 일을 구분해야 한다.

해외도서 에이전시에서 일하는 분들이 공통적으로 호소하는 고민이 있다. 출판사 대표들은 출간 후에 책이 베스트셀러가 되지 않으면 에이전트에게 책임 추궁을 한다는 것이다. 에이전트는 책을 소개하는 역할을 할 뿐인데 베스트셀러가 되지 않았다고 싫은 소리를 듣는 모양이다. 에이전트가 책을 소개한다고 해서 모든 책이 다 베스트셀러가 되는 것은 아닐 것이다. 책임은 결국 출판사 대표가 지는 것이므로 에이전트의 출간 권유에만 너무 의존하여 결정하는 것은 좋지 않은 것 같다.

저작권 에이전시에 정확하게 비용을 지불하면서 지속적인 신뢰관계를 구축하면 좋은 책 정보를 구할 수 있다. 저작권 에이전시는 1인 출판사와 거래할 때 선인세, 계약금, 수수료 등 각종 비용을 제대로 못 받을까봐 걱정한다. 언제 문을 닫을지 모를 불안한 출판사와 거래하고 싶지 않다는 분위기다. 지불해야 할 비용을 지급하지 않으면서 불평만 하는 거래처와 누가 거래 관계를 지속하고 싶겠는가? 불

선인세	일종의 계약금으로 출판 계약 시 저작권료를 일괄 지급하는 것이다. 책마다 다르지만 일반적으로 초판 부수에 해당하는 저작권료를 선인세로 지급한다. 대략 300만 원 내외로 예상하면 된다. 베스트셀러의 조짐이 있거나 다른 출판사와 경쟁이 붙으면 선인세는 당연히 올라간다. 선인세는 계약할 때 1쇄에 관한 저작권료를 미리 지급하는 것이다. 그러므로 2쇄 출판부터는 추가로 저작권료를 지급해야 한다.
뉴스레터 비용	일정한 비용을 내면 해외도서를 소개하는 메일을 정기적으로 발송해 준다. 무료로 제공하는 도서 자료도 있다.
대행 수수료	에이전시도 수수료를 받아야 사업이 유지되므로 계약이 성사되면 대행 수수료를 받는다. 또한 매년 인세에서 10% 정도를 수수료로 받는다.
판매 보고	출판사는 에이전시의 요청에 따라 판매부수 현황 등을 리포트한다.

행히도 에이전트들에게는 1인출판사와 거래해서 좋지 않았던 경험들이 쌓여있으므로 처음 거래할 때 주의할 필요가 있다.

번역서를 출간하려면 국내서와 다르게 번역비와 계약금(선인세), 그리고 에이전시 수수료가 추가로 들어간다. 외국 출판사의 편집자가 검토한 책을 국내에서 다시 검토하는 것이므로 추가로 들어가는 비용은 그만큼의 위험성 감소에 대한 비용이라고 볼 수 있다. 마음에 드는 외서를 발견하면 계약이 가능한지 에이전시를 통해 확인하면 된다. 다른 출판사가 이미 계약한 책은 계약할 수 없다. 상업성이 있는 책들은 바로 계약되는 경우가 많으므로 책을 검토한 후에 계약여부를 빠르게 결정하는 것이 좋다.

선인세는 최소 1,500$부터 시작한다. 유명 저자의 책은 선인세도 높아지게 된다. 선인세는 계약금의 성격이므로 계약할 때 지불하게 된다. 인세율(로열티)는 일반적으로 1만 부까지는 6%, 그 이상부터는 7%로 정하게 된다. 인세율이나 선인세는 고정적인 것이 아니라 여러 상황에 따라서 조정을 할 수 있다.

에이전시의 절차 안내에 따라 계약을 하면 처리해야 할 일에 대해 안내받을 수 있다. 계약 과정에 특별히 복잡한 일은 없다. 계약서는 영어로 작성되어 있으나 중요한 사항에 대해서는 한글로 된 설명서를 제공해주므로 이를 바탕으로 계약을 하면 된다.

:: 오퍼

외서의 저작권을 가진 사람 또는 출판사에 저작권 구입 의사를 전달하는 것을 오퍼라고 한다. 오퍼신청서를 작성하여 에이전시에 제출하면 계약과정이 진행된다. 유명한 저자의 책은 여러 출판사가 동시에 러브콜을 보내기도 하는데, 저작권자는 이중에서 가장 높은 금액을 제시하는 곳과 계약을 하게 된다. 같은 금액을 제시한 출판사가 경쟁을 할 경우 다시 오퍼를 하게 되고 출판사는 금액을 높여 '베스트오퍼'를 제출한다. 경매와 똑같아서 외서 계약은 마케팅 계획에 따라 소신껏 해야 한다.

:: 외서의 인세

오퍼를 해서 낙찰이 되었다면 계약을 할 의무가 생긴다. 외서를 계약하면 계약금으로 선인세를 미리 지급하게 되는데, 이것은 연말에 정산할 인세에서 제하게 되므로 적정 수준의 선인세라면 크게 문제될 것은 없다. 대개 일본 도서의 경우 30만 엔, 영미권 도서는 2,000달러 정도이다. 인기 있는 책은 선인세가 높아지기 마련이다.

외서는 번역비가 추가로 들어가기 때문에 외서의 인세는 6~7% 이하가 적당하다. 번역비를 포함한 총 인세가 10%를 넘으면 출판사의 부담이 커지게 되기 때문이다. 판매량이 어느 정도 보장되는 저자는 슬라이드 방식으로 계약하기도 한다.

판매보고는 통상 1년에 1~2회 정도 하며, 인세 정산은 편의상 1년에 한 번씩 하게 된다. 자세한 사항은 계약에 의해 정해진다.

간혹 외서를 계약한 후 마음이 바뀌어 취소하는 일이 발생할 수 있다. 에이전시에 대해 취소 수수료가 발생하게 되고 선인세는 돌려받지 못할 수도 있으므로 애초에 신중하게 계약해야 한다.

> **용어 설명 : '세네카'는 얼마로 해야 할까요?**
>
> 책을 만들면서 자주 들을 수 있는 말이다. 세네카? 고대 로마의 철학자 이름인데 출판에 무슨 영향이 있기에 책 만들 때마다 '세네카 세네카' 하는 걸까? 하며 의아해 한 적이 있다. 세네카는 바로 '책등'을 말한다. 즉 책 두께이다. 표지에서 본문 두께만큼 접히는 부분이 책등인데 이것을 세네카라고 부른다. 책등의 사이즈는 본문용지의 두께로 결정되며 표지 디자인할 때 중요한 수치이다. 책등 사이즈를 잘못 계산하면 책이 비틀려 보이기 때문이다. 한 마디로 불량품인 셈이다.

:: 계약 기간

외서를 계약하면 보통 3년에서 5년간 계약이 유지되며 계약 종료 3개월 전까지 재계약 의사 표명이 없을 경우 계약은 자동으로 종료된다. 이런 경우 자기도 모르는 사이에 계약이 종료되는 사태가 발생할 수도 있으니 별다른 코멘트가 없으면 자동으로 연장되는 조항도 생각해볼 수 있다. 중요한 것은 계약 종료 후 남은 재고를 판매할 수 있는 기간이다. 계약 종료 후 3~6개월간 재고 소진 기간을 주고 그 이후엔 판매할 수 없는 게 보통이지만 어떤 경우에는 계약 종료 직후부터 판매가 불가능한 케이스도 있으니 잘 확인해야 한다.

[독자 연구]

책을 읽다 마는 이유

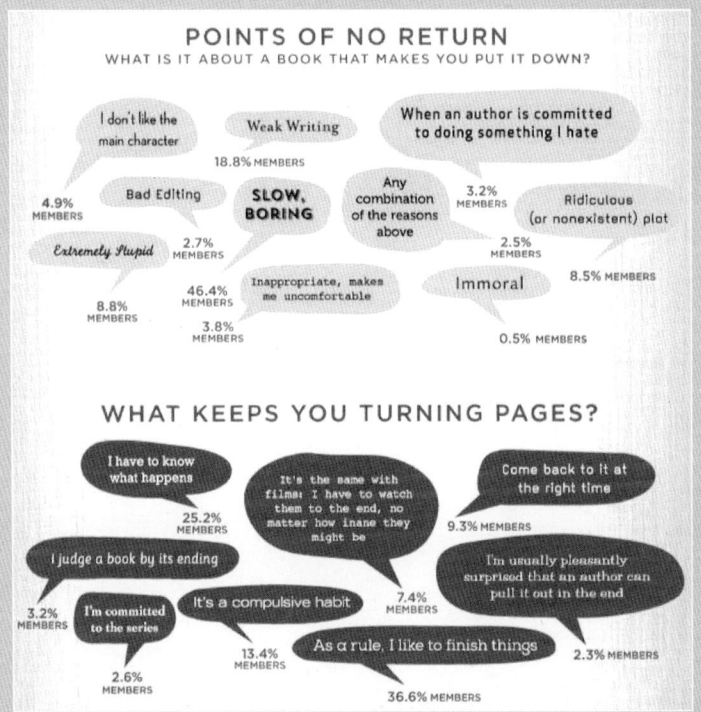

(출처 : Goodreads 자료 발췌)

　인터넷 서점에서 광고 내용과 책 목차를 보고 읽어볼 만할 것 같아서 구입을 했는데, 겨우 몇 페이지 읽다 만 책들이 있을 것이다. 광고 내용과 실제 책 내용이 일치하지 않는 경우도 있고 실제 책이 생각했던 것만큼 마음에 들지 않는 경우도 있다. 구입한 책을 끝까지 읽지 못하는 이유는 무엇일까? 무엇 때문에 독자는 책을 읽다 마는 것일까? 책 소개 글이 독자를 현혹시켜 오히려 독자의 선택을 방해한다면 문제가 있다. 독자는 마음에 들지 않은 책을 반품할 수 있기 때문이다.

　독서 사이트 굿리즈(Goodreads)에서 독자들이 책 읽기를 중간에 포기하는 이유와 끝까지 읽는 이유를 발표했다. 독자의 마음은 어디나 다 비슷하다.

:: 책 읽기를 그만두는 7가지 이유

1. 내용 전개가 느리고 지루해서....................46.4%
2. 글 솜씨가 형편없어서.........................18.8%
3. 황당한 내용 때문에............................8.8%
4. 어이없는 플롯.................................8.5%
5. 주인공이 싫어서...............................4.9%
6. 부적절한 내용이 거슬려서......................3.8%
7. 내가 싫어하는 행동을 저자가 할 때..............3.2%

:: 책을 끝까지 읽는 7가지 이유

1. 시작하면 끝장을 보는 성격이라서...............36.6%
2. 어떤 일이 벌어지는지 궁금해서.................25.2%
3. 강박관념이 있어서............................13.4%
4. 때가 되면 책을 보기 때문에....................9.3%
5. 형편없어도 끝까지 본다........................7.4%
6. 끝까지 읽고 판단하기 때문에...................3.2%
7. 시리즈라서 멈출 수 없다.......................2.6%

내
작은 출판사
시작하기

05

출판편집과 책 디자인

나 의 꿈
작은출판사

05

출판편집과 책 디자인

:: **책을 만드는 편집과 디자인**

이승훈 | 한글 워드 프로그램에 익숙하다 보니 책 만드는 과정이 타이핑이 아니라 디자인이라는 데에 낯설어하는 것 같습니다. 책 만들 때 편집과 디자인은 꼭 필요한가요?

김동근 | 책 만드는 일은 단순한 워드 작업이 아니죠. 교정과 교열을 포함한 편집 작업이 출판의 핵심입니다. 또 책 모양을 만드는 출판 디자인 과정이 꼭 필요합니다. 가독성을 높여주니까요. 대충 만들면 독자들이 거들떠도 안 봐요.

이승훈 | 출판편집과 디자인 과정은 출판사의 핵심 업무인데 일반적으로 많이 알려지지 않은 것 같습니다. 왜 그럴까요?

김동근 | 아마도 독자는 결과물인 책만 보기 때문일 것입니다. 책을 잘 만들기 위한 출판사의 노력은 책 속에 숨어있기 때문에 출판과정을 모르는 사람은 상상조차 하기 힘들 것입니다.

• • • • • • • • • • • • • • • • • • • •

: : 출판편집이란 무엇인가?

출판사에서 하는 일 중에서 가장 핵심적인 일이 '편집'이다. 출판의 전부라고 할 만큼 방대하며 중요하다. 출판편집자들은 직업의식도 강하고 자신의 일에 깊은 철학적인 의미를 부여하기도 한다. 그래서 출판편집은 이것이 정답이라고 딱 부러지게 말하기 힘들다.

1인출판사 대표는 어떻게 편집업무를 처리해야 할 것인지 정해야 한다. 편집자 출신이라면 교정교열을 포함하여 직접 편집업무를 할 수 있다. 그렇지 않은 경우라면 편집업무를 배워서 하거나 유능한 외주 편집자에게 맡겨서 처리하는 방법이 있다. 하지만 외주 편집자에게 일을 맡기더라도 편집업무는 배워두어야 한다. 편집자를 지휘하는 것은 의뢰자인 대표의 역할이기 때문이다.

출판편집이란 글이나 그림을 책으로 만드는 과정을 말한다. 출판사에서 편집자가 하는 일은 실로 다양하다. 책이 만들어지는 모든 과정은 편집자의 주도로 이루어진다고 해도 과언이 아니다. 대부분의 출판사에서 편집자는 기획자 역할도 하기 때문에 출판할 만한 원고를 찾는 것부터 편집자의 일은 시작된다고 할 수 있다. 출판기획 작업을 통해서 출판할 도서가 결정 되면 저자를 물색하고 섭외하여 원고를 받게 된다. 출판기획에 딱 들어맞는 원고가 투고되는 일은 거의 없기 때문에 원고를 쓸 만한 저자에게 원고를 청탁하는 것이 일반적이다. 외서는 저자 섭외가 필요 없으나 그 대신 번역자를 구해야 한다.

원고가 입수되면 원고가 기획 의도에 일치하는지 먼저 파악한다. 부족한 부분과 고칠 부분은 저자와 상의하여 수정하는 과정을 반복한다. 논리적인 순서로 목차를 배열하고 글을 재배치한다. 미비한 부분을 보충하여 출판에 적합한 형태로 만든다.

원고는 교정교열 과정을 거치면서 완성도가 높아진다. 교정은 오탈자를 고치는 작업이고, 교열은 문장의 주어나 서술어 등의 잘못된 표현을 문맥에 맞게 고치는 일이다. 원고 내용을 훼손하지 않는 범위 내에서 윤문을 하기도 한다. 때로는 부족한 부분을 채워 넣는 경우도 있다.

편집자는 본문과 표지 디자인을 디자이너와 상의하여 콘셉트를 결정한다. 표지에 들어갈 제목, 저자 이름, 문구, 추천사, 안내문 등도 정한다. 책 디자인에 따라 필요한 글의 분량이 변동될 수 있으므로 디자이너와 상의하여 바로 수정하는 민첩함도 필요하다. 예를 들어 저자의 이력 소개 글이 너무 짧거나 길면 디자인에 맞춰 적절하게 편집한다. 그래야 효율적으로 디자인 작업을 할 수 있다.

:: 편집은 짜깁기가 아니다

일전에 어떤 저자를 우연히 만난 적이 있다. 자연스럽게 책 이야기가 나와서 그 저자의 책을 주제로 이야기를 나누었다. 최신 IT 기술 트렌드를 반영한 괜찮은 책이었다. 방대한 자료를 수집하고 정리까지 하는 것이 쉽지 않았을 텐데 완성도가 높은 책이었다. 책 쓰기가 얼마나 어려운지 알고 있기 때문에 출판을 축하한다고 말했더니 그 저자는 이렇게 말했다.

"책 쓰는 거 원래 다 짜깁기잖아요. 다 그런 거 아니겠어요? 하하."

갑자기 대화가 단절되었다. 대단해 보였던 저자가 달리 보였다. 대학생 때 리포트를 베끼던 잘못된 버릇이 책 쓰기를 짜깁기로 오해하게 만든 것 같다. 여기저기 다른 책의 내용을 가지고 와서 적당하게 붙이는 작업에 익숙해져 있다 보니 자신이 쓴 책도 그저 짜깁기에 불과한 것으로 만들어버린 것이다.

TV 예능 프로그램에서 '편집 당했다'는 말을 자주 하기 때문에 편집을 '잘리는 것'으로 이해하기 쉽다. 물론 편집을 하다보면 삭제되는 내용도 있다. 아까운 분량을 왜 삭제할까? 프로그램의 목적이나 취지에 맞지 않거나 방송 시간에 맞게 조절하려고 중요도와 연결 순서에 따라 삭제를 하는 것이다. 방송 출연자의 입장에서는 편집을 '잘리는 것'이라고 인식하여 그렇게 말하는 것인데 시청자들은 오해할 수밖에 없다.

책을 만들 때에도 편집을 한다. 삭제할 건 삭제하고 부족한 부분은 저자와 협의하여 채워 넣는다. 문맥에 맞지 않는 글도 매끄럽게 수정을 한다. 책의 기획 의도가 잘 드러나도록 내용을 재배치한다.

어느 하나 사소하게 넘어갈 일이 없다. 왜냐하면 독자는 열 가지 중에서 아홉 가지가 마음에 들어도 한 가지가 싫으면 구매하지 않는 경향을 보이기 때문이다. 그러므로 작은 부분이라도 꼼꼼히 작업해야 한다.

:: **맞춤법 공부는 기본이다**

1인출판사 대표가 편집자로서 전문적인 역할을 하기 어렵더라도 맞춤법을 공부해두면 오탈자를 고치는 교정 작업을 할 수 있다. 출판업무를 하려면 맞춤법 실력은 기본이다. 평소 맞춤법, 띄어쓰기, 외래어 표기법 등을 틈틈이 공부해야 하다. 띄어쓰기의 경우 붙여도 되고 띄어도 되는 경우가 있는데 같은 책 안에서는 일관되게 표시해야 한다. 들쭉날쭉 교정하면 책이 좋아 보이지 않는다.

오타는 아무리 눈을 부릅뜨고 찾아도 완벽하게 고치기가 참 어렵다. 발견될 때마다 수정하고, 원고를 볼 때마다 집중해서 검토해야 한다. 원고 교정을 볼 때에는 휴대전화도 끄고 조용한 장소에서 온갖 신경을 집중하는 것이 좋다. 당신도 책을 읽을 때 맞춤법이 연달아 틀리면 더 이상 읽고 싶지 않은 경험이 있을 것이다. 다른 독자들도 똑같은 느낌을 받는다. '별로 좋지 않은 책'이라고 의심까지 받게 된다. 맞춤법 교정은 힘들지만 제작을 의뢰하기 전까지 계속해야 한다.

교열은 문장이 어색하거나 주어, 서술어가 맞지 않아 올바르지 않은 문장을 바로잡는 일이다. 문장을 이해하기 쉽고 읽기 쉽게 고치는 윤문도 함께 이루어질 수 있다. 책을 읽는 독자가 누구인지 생각하면서 문장 속의 단어 선택을 고심할 필요가 있다. 어려운 단어는 독자 수준을 고려하여 쉬운 단어로 대체한다. 복잡하게 꼬여있는 문장을 간결하게 만들면 보다 이해하기 쉬운 책이 된다.

:: 판권 페이지 기재방법

책 본문의 맨 뒤쪽 또는 앞쪽을 보면 책 제목, 저자 등 책에 관한 정보를 기재한 페이지가 있다. 출판권 등 서지정보를 표시한 것이다. 줄여서 '판권 페이지'라고도 부른다. 정확히 이렇게 표기해야 한다는 양식이나 규정은 없다. 다만 저작권법에서는 출판권자를 표시하도록 규정하고 있으므로 출판사 표시를 해야 한다.

초판 발행일과 저자 이름, 출판사 이름은 책의 저작권을 표시하는 사항이므로 기재해야 한다. 저작권 침해 분쟁이 발생하는 경우, 허위로 기재했다는 명백한 증거가 없다면 판권 페이지에 기재한 사항을 사실에 부합하는 것으로 인정된다.

:: 초판 발행일 기재요령

책을 제작하다 보면 발행이 늦어질 수 있다. 이런 경우에 인쇄된

1인출판 창업의 모든 것
내 작은 출판사 시작하기

1판 1쇄 2014년 9월 1일
발 행 인 이승훈
발 행 처 도서출판 북스페이스
주   소 인천시 남동구 고잔동 636 인천종합비즈센터
대표전화 070-4103-4727, 010-6338-6058
팩   스 0505-405-5000
출판등록 제2011-000126호
이 메 일 ubmedia@naver.com

ISBN 978-89-967241-3-1 (13320)

- 잘못 만들어진 책은 구입한 곳에서 교환해드립니다.
- 출판하고 싶은 원고가 있다면 ubmedia@naver.com으로 보내주세요.
  귀하의 원고가 책으로 나올 수 있도록 도와드립니다. 좋은 책이 출간되는 기쁨을 함께 누리고 싶습니다.

발행일과 실제 발행일이 다를 수 있다. 어떻게 하면 좋을까? 일단 책에 표기된 발행일이 실제 발행일과 다르다고 해서 법적인 문제가 되지는 않는다. 다만 홍보할 때 문제가 발생할 수 있다.

인터넷 서점 사이트에 표시되는 출간일은 판권 페이지에 기재된 발행일로 나타난다. 서점에 신간을 배본하는 날이 발행일보다 한참 후인 경우 신간이 아니라 출간된 지 한참 지난 책이 되어 버린다. 예를 들어 발행 일자가 3월 15일로 인쇄된 책이 인쇄 일정이 늦어져서 3월 25일에 나올 수 있다. 필요한 서류준비를 하다가 4월 2일에 서점에 배본하면 이 책은 신간이지만 출간된 지 한 달이나 지난 셈이 된다. 즉 '새로 나온' 책이 아니라 '지난달에 나온' 책이 된다. 이런 경우에는 제작 일정을 고려하여 발행일을 넉넉히 4월 5일로 기재하면 된다.

도서정가제가 강화된 이후로 ISBN을 신청할 때 발행일 지정에 더 신중을 기해야 한다. 실제 출판일이 기재된 발행일을 넘겨버리면 책 가격 수정이 불가능해진다. 도서정가제의 영향 탓이다. 아직 인쇄 전이라면 해당 ISBN을 삭제한 후 다시 신청하면 해결된다.

:: 책 제목 짓기

어떤 제목이 좋을까? 책에서 가장 중요한 것을 한 가지만 고르라면 단연코 제목이다. 독자는 제목을 제일 먼저 보고 끌리는 책을 고르기 때문이다. 출판기획을 하거나 원고를 쓸 때도 제목이 중요하다. 제목이 원고의 방향을 안내하는 역할을 하기 때문이다. 중요한 점은 제목에서 기대되는 내용이 책 내용에 들어있어야 한다는 것이다. 제목은 그럴듯한데 내용이 빈약하면 독자들은 '낚였다'라고 생각하게 된다.

인터넷 서점의 매출이 점점 커지면서 책 제목의 중요성도 더 커졌다. 인터넷 검색으로 책을 찾는 사람들은 제목으로 검색을 하는 경우가 대부분이기 때문이다. 책 제목과 부제를 잘 결정해야 보다 많은 검색 결과에 노출 될 수 있다. 책 제목은 검색 키워드가 적용되어 검색이 된다. 검색을 원하는 키워드는 책 제목과 부제에 반드시 포함되어 있어야 한다.

디자이너에게 표지 디자인을 의뢰하기 전까지 제목을 확정해야 한다. 디자인 작업 중에 제목을 바꾸면 대단히 곤란하다. 표지 디자인 전체를 바꿔야 할 수도 있기 때문이다. 디자이너가 표지 디자인 작업을 제대로 하기를 바란다면 제목을 빨리 확정하고 변경하지 말아야 한다.

:: 디자이너 구하기

최종원고가 확정되면 컴퓨터 프로그램을 이용해 책의 모양을 만드는 출판디자인 과정을 거쳐야 한다. 이 작업은 출판디자이너가 담당한다. 출판디자이너는 '편집 디자이너'라고도 불리며 책의 모양을 만든다. 책 디자인은 단순한 워드 작업이 아니라 읽기 편하게 텍스트와 그림을 배치하는 작업이다. 편집은 편집자가 하고 디자인은 출판디자이너가 한다.

표지는 그 자체로 광고판 역할을 하며 독자를 유인하는 역할을 한다. 서점에서 집어든 책 표지가 조잡하거나 가독성이 떨어진다면 독자는 바로 책을 내려놓게 될 것이다. 그렇기 때문에 디자인을 잘해야 한다.

:: 편집 프로그램과 폰트 파일

편집 디자이너가 책을 만들 때 사용하는 프로그램은 주로 어도비 인디자인(Adobe Indesign) 프로그램이다. 예전에는 쿼크익스프레스(QuarkXpress) 프로그램을 많이 사용했는데, 인디자인의 편리성 때문에 최근 들어 인디자인을 사용하는 디자이너가 늘어나고 있다.

워드나 한글 프로그램은 문서 작업용 프로그램이라서 책을 만들 때 자주 사용하지는 않는다. 출판 전문 프로그램을 사용하는 이유는 품질의 차이 때문이다. 다만 학원 교재처럼 품질이 문제되지 않고 소량 출판하는 경우 한글 프로그램으로 편집하여 출판하는 경우도 있다.

인디자인 프로그램을 배워서 직접 책 디자인을 하는 1인출판사들도 있다. 텍스트 위주로 되어 있는 책이라면 충분히 가능한 일이다. 인디자인 프로그램 사용법을 가르치는 학원들도 있으므로 꾸준히 배워서 직접 책 디자인을 할 수 있다. 실무적인 내용을 가르치는 강사를 선택하여 배우면 직접 책을 만들 때 큰 도움이 된다. 다만 프로그램 사용법을 배웠다고 해서 금방 책 디자인을 할 수 있는 것은 아니므로 꾸준한 공부와 연습이 필요하다.

디자인 프로그램을 약간 다룰 줄 안다고 해서 책 디자인을 잘 할 수 있다고 착각하면 곤란하다. 책 디자인은 출판 전문 디자인 프로그램을 잘 다룰 줄 알아야 하고 가독성을 위한 타이포그래피(typography)에 대한 감각이 필요하다.

1인출판사 대표가 직접 디자인하는 경우에는 인디자인 프로그램과 사용할 폰트 파일을 구매해서 사용해야 한다. 인터넷에 돌아다니는 폰트파일을 무단으로 다운 받아서 사용하면 나중에 저작권 위반 문제가 발생 할 수 있다.

직접 디자인을 할 수 없다면 실력 있는 출판디자이너를 구해야 한다. 1인출판사 대표가 책을 잘 만드는 가장 간단한 방법은 실력 있는 디자이너를 만나는 것이다. 그러면 어지간한 문제는 다 해결된다. 솜씨 좋은 디자이너가 부족한 부분을 알아서 능숙하게 처리해준다. 그런 디자이너를 만난다는 것은 1인출판사 대표 입장에서 큰 행운이고 대단히 고마운 일이다.

디자이너는 포트폴리오를 보고 결정하거나 지인으로부터 소개를 받는 경우가 대부분이다. 꾸준히 디자인 작업을 해오면서 포트폴리오가 쌓인 디자이너들은 대체로 일이 많아 바쁘지만 경험이 많기 때문에 마무리가 꼼꼼하며 누가 봐도 눈에 확 들어오는 디자인을 해준다. 또한 평소 거래하는 인쇄소가 있기 때문에 출판사를 처음 시작할 때 인쇄소를 고르는 문제도 해결된다. 인쇄소에 가서 제대로 인쇄가 되는지 '감리'를 봐주는 친절한 디자이너도 있다.

디자인도 사람이 하는 일이기 때문에 숙련도에 따라 결과물이 천차만별이다. 무조건 비용을 깎으려고 하면 좋은 수준의 책을 보장할 수 없다. 출판디자인 작업은 고도의 디자인 감각과 섬세한 노력이 들어가는 작업이라는 점을 잊지 말아야 한다.

출판하려는 책에 따라 적합한 디자이너가 따로 있다. 수학 교과서처럼 도형, 수식 등 손이 많이 가는 책의 경우 경험 있는 디자이너를 찾아야 한다. 디자인 난이도와 작업량에 따라 디자인 비용도 달라지고 무엇보다 디자인 품질을 고려해야 하기 때문이다.

디자인 비용과 실력은 경력에 따라 천차만별이다. 표지만 전문적으로 디자인하는 사람도 있고 표지와 본문을 한꺼번에 디자인하는 사람도 있다. 사진이나 그림이 많이 들어가는 책을 주로 작업하는 디자이너, 수학 문제집 등 교과서 디자인을 잘하는 디자이너 등 실력도 다양하다. 성실한 사람도 있고 그렇지 않은 사람도 물론 있다. 디자인은 사람이 직접 하는 일이다 보니 잘 만나지 않으면 곤란을 겪을 수 있다.

초보 출판사 사장들이 하는 큰 착각이 있다. 디자이너가 원고를 읽으면서 다 알아서 해주겠지 하는 기대감이다. 디자이너는 출판을 위한 디자인 작업만 하지 일일이 원고를 손보거나 오탈자를 찾아내 알맞은 단어로 수정해주는 작업은 하지 않는다. 다 알아서 해주겠지 하는 생각은 금물이다. 그러므로 더 이상 교정교열을 볼 필요가 없는 최종원고를 디자이너에게 전달해야 한다.

편집 디자인 작업 중에 원고 일부분이 수시로 바뀌거나 오탈자 수정이 계속되면 디자이너는 작업을 제대로 할 수 없다. 원고 수정이 편집 디자인 작업 중에 계속되면 나중에는 출판사 대표도 편집 디자이너도 어디를 어떻게 수정했는지 헷갈리게 된다. 이런 상황이 반복되면 출판사 대표는 디자이너 탓을 하게 되고 디자이너는 작업에 짜증을 낼 수 있다. 결국에는 양쪽에 불만이 쌓이게 되고 디자인 비용을 깎으려고 하거나 못 주겠다는 등 분쟁이 발생할 수 있다. 작은 출판사 대표라면 이런 일이 발생하지 않도록 사전에 준비를 하고 진행이 원활하게 될 수 있도록 해야 한다.

마음에 드는 책 디자인을 발견한 경우 디자이너의 이름을 눈여겨 봐두었다가 연락을 해보는 것도 좋은 방법이다. 평소 서점에서 어떤 책이 출간되었는지 살펴보고 마음에 드는 표지를 기록해두면 나중에 요긴하게 쓸 수 있다.

:: 디자인 시안 검토

편집 디자이너에게 디자인을 의뢰하면 일반적으로 샘플 표지를 몇 가지 만들어 시안(샘플)을 보내준다. 시안은 대개 이미지 파일(그림파일) 형태로 받게 되는데 때로는 디자이너와 직접 만나서 프린트한 샘플을 검토하기도 한다. 시안을 서로 비교해 본 후 어느 것으로 할지 의뢰자가 결정하면 된다. 디자인이 원하는 방향이 아닐 때에는 협의하여 적절하게 수정할 수 있다. 시안을 여러 가지로 요구할 수 있지만 개수가 많아진다고 선택의 폭이 넓어지는 것은 아니다. 의견이 일치되지 않을 때는 계속 수정을 할 것인지, 적절한 선에서 의뢰를 취소할지 결정해야 한다.

일단 결정하면 그대로 작업이 진행되고 인쇄된다. 도중에 마음이 바뀌어서 재작업을 요구하면 디자인 비용을 추가로 지급해야 한다. 두 번 일하는 셈이 되기 때문이다. 신중하게 결정하고 일단 결정하면 후회하지 말고 그대로 추진하는 것이 좋다.

디자이너가 본문 디자인 작업을 하여 최초로 보내온 파일을 통상 '1교(1차 교정지)'라고 부른다. 오타는 없는지 디자인 작업 중에 누락된 부분은 없는지 확인한다. 1교를 볼 때에는 종이에 프린트하여 빨간색 펜을 들고 보는 것이 좋다. 수정 사항을 표시한 종이를 디자이너에게 보내주면 수정 작업을 원활하게 할 수 있다. 1교를 볼 때 거의 모든 수정 사항을 다 고쳐야 한다. 나중에 더 고치겠다는 생각을 남겨두면 작업이 더뎌진다. 출판사에서 수정 사항을 디자이너에게 전달하면 디자이너는 재작업을 하여 수정된 2교(2차 교정지) 파일을 보내준다. 이것을 몇 번 반복하여 완전히 수정이 끝난 교정지를 'OK교정지'라고 부른다.

수정 작업을 무한정 반복할 수는 없다. 디자이너와 출판사 사이에 정한 디자인 비용이 있으므로 일반적으로 3차 교정에서 마무리가 된다. 수정 사항이 계속 생겨서 재작업 횟수가 늘어나면 디자이너도 일정 차질이 빚어져 곤란해진다. 출판사 입장에서도 정해진 인쇄 일정과 출판 일정에 차질이 생길 수 있다.

따라서 이 과정에서 분쟁이 발생할 수 있다. 예를 들면 수정 사항이 제대로 반영되지 않아 교정 횟수가 기약 없이 늘어나거나 출판사 대표가 일이 서툴러 수정 작업을 여러 번 반복하는 경우이다. 결과적으로 출판사 대표는 성실한 디자이너를 선택해야 하며 계속 수정하지 않도록 작업 일정을 관리해야 한다.

:: **책 표지는 원래 이렇게 생겼다**

지금까지 책이라고 알고 있던 것과 생김새가 달라서 처음에는 이

게 뭘까 생각할 수 있다. 이것을 종이에 인쇄해서 접으면 책의 표지가 된다. 디자인 작업은 펼친 표지 모양으로 하게 된다.

표지에 들어갈 모든 내용은 출판사에서 디자이너에게 미리 제공해야 한다. 디자이너가 알아서 문구를 만들어주지 않는다. 책 작업을 할 때마다 사소한 부분을 놓치면 안되므로 마지막까지 정성을 다해야 한다. 제작에 들어가면 잘못된 부분을 여간해서 고치기 어렵다.

1인출판사에서 만든 책이라고 해서 디자인이 다소 떨어져도 독자가 그냥 봐주고 넘어갈까? 절대 그렇지 않다. 독자는 눈이 높다. 디자인 품질이 떨어지면 내용을 읽기도 전에 거부감부터 생긴다. 작은 출판사의 책과 대형 출판사의 책은 서점에서 동등하게 평가받는다. 이 점을 잊으면 안 된다. 책값도 작은 출판사나 대형 출판사나 비슷비슷하다. 마케팅 방법의 차이는 있을지라도 책의 내용이나 제품 상태는 동일하게 비교된다. 허술하게 만든 책은 아무도 거들떠보지 않는다.

:: **디자인 데이터 관리**

편집 디자인 작업이 완전히 끝나면 디자이너는 인쇄용 PDF 파일을 출판사와 인쇄소에 넘긴다. 편집 디자이너로부터 받은 파일은 찾기 쉽게 책 제목으로 잘 저장해둔다. 나중에 2쇄를 찍을 때 사용해야 하므로 누가 봐도 작업을 할 수 있게 자료를 보관해야 한다. 하드

디스크에 저장된 것은 외장 하드나 CD 등에 따로 복제해두는 것이 좋다. 디자이너도 파일을 보관하지만 시간이 지나면 기억나지 않을 수 있다. 최종적인 보관 책임은 출판사에 있다. 사소해 보이지만 시행착오가 일어나서는 안 될 부분이다.

책의 데이터 파일은 대부분 용량이 매우 크므로 일반적으로 웹하

Q. 한글(워드) 프로그램으로 책을 만들어도 될까요?

A. 한글 프로그램으로도 책을 만들 수는 있습니다. 학원에서 사용할 목적으로 소량 인쇄할 것이라면 큰 무리가 없습니다. 그러나 대중을 상대로 판매할 책이라면 곤란합니다. 책 디자인은 서체, 타이포그래피, 레이아웃 등 여러 가지를 고려합니다. 한글 프로그램은 이런 디자인적 요소를 제대로 구현하기 어렵습니다. 미장원에서 무뎌진 칼날로 머리를 자르는 느낌과 같은 것입니다.

일부 출판사의 경우 한글프로그램으로도 전문가적인 출판디자인을 하기도 합니다. 하지만 초보자라면 아마추어가 만든 티가 팍팍 나는 책을 독자들이 구매하려고 할지 먼저 생각해야 합니다. 특히 출판사 창업을 한다면 워드 프로그램으로 책을 만든다는 생각은 버려야 합니다. 워드 프로그램은 문서를 만들 때 사용하는 것이고 책을 만들 때에는 전문가용 프로그램을 사용해야 높은 품질의 책을 만들 수 있습니다.

복사 업체에서 보았던 복사·제본한 것을 책이라고 착각하는 사람들이 너무 많습니다. 이제부터 복사 업체는 모두 잊으시기 바랍니다.

드(www.webhard.co.kr)를 이용해 전송한다. 인쇄소의 웹하드 계정에 파일을 올려놓고 담당자에게 연락하면 본격적인 책 제작 작업이 시작된다. 데이터 파일이 유출되는 사고를 막고 싶다면 웹하드 폴더에 반드시 비밀번호를 설정해야 한다.

[출판사 인터뷰] 그들은 어떻게 출판사를 시작했을까?
〈정글짐북스〉 출판사 김이연 대표

1. 출판사를 창업하기 전에 어떤 일을 하셨나요? 그리고 출판사를 창업하게 된 계기는요?

잡지사 기자로 시작해 단행본 아동 분야 편집자, 어린이 만화 교양 잡지 편집자, 기업체 사보 편집자로 일했습니다. 동화와 청소년 소설을 쓴 작가이기도 하고요. 분야는 다양해 보이지만 모두 '글'과 '종이'에 관련된 일을 10년 넘게 해 왔습니다. 출판사를 창업한 이유는 보다 자기 주도적으로 일을 하고 싶었고 잠재적인 고용 불안에서 벗어나 안정적인 일터에서 일하고 싶다는 바람이 있었습니다. 결국 사업을 하고 싶었는데, 굳이 출판이 된 것은 그나마 제가 가장 잘 알고 있던 분야였기 때문입니다.

2. 출판사 이름이 〈정글짐북스〉인데요. 대단히 친숙하게 느껴집니다. 이름에 특별한 의미가 있나요? 그리고 유아/아동 분야를 전문적으로 출판하시는데, 이 출판 분야를 선택하게 된 이유를 말씀해주세요.

친숙하게 느끼셨다니 저로서는 성공입니다. (웃음) 출판사 이름을 정할 때

기준이 딱 한 가지였거든요. 어디선가 많이 들어본 이름일 것, 즉 1인출판사 티가 나지 않는 이름을 원했습니다. 처음엔 1인이지만 곧 2인, 3인 출판사가 될 거라는 큰 포부가 있었기 때문에 (하하) 기성 출판사의 냄새가 나는 이름이 좋겠다고 생각했어요. 출판사 이름에 1인출판사의 이미지가 있으면 영업을 하거나 독자를 대할 때 득보다는 실이 더 클 거라고 판단하기도 했고요. 아이들이 놀이터에서 신나게 놀 듯 저희 책을 읽으며 마음껏 놀 수 있었으면 좋겠다는 바람이 담겨 있기도 합니다.

출판 분야를 아동으로 한정한 것은 제가 동화 작가이기도 하고, 단행본 편집자로 일을 할 때도 아동 분야를 담당했기 때문에 이 분야를 가장 잘 알고 있었기 때문입니다. 가장 잘 아는 분야를 공략하는 게 처음엔 여러모로 일을 수월하게 풀어갈 수 있거든요.

3. 유아/아동 분야는 그림이 많아서 그림 작가와 공동 작업이 많을 것 같습니다. 그림 작가 섭외 방법과 일하는 방법에 대해 설명해주세요.

아동 책에서 그림은 정말 중요한 요소입니다. 또 다른 형태의 글이나 마찬가지지요. 아이들은 글보다 그림을 보면서 책의 내용을 이해하는 경우가 정말 많습니다. 기획을 하고 글이 나오면 그림 작가 섭외를 시작하는데 기획과 글에 가장 잘 어울리는 그림체를 먼저 구상합니다. 그리고 그것을 구현할 수 있는 그림 작가를 찾는데요. 그림 작가가 운영하는 홈페이지나 블로그를 돌아다니면서 찾기도 하고 '산그림'이라는 사이트(그림 작가가 모여 있는 우리나라 최대의 인터넷 사이트)에서 살펴보기도 해요. 작가를 섭외하면 원고료와 일정 등을 조율하고 미팅을 합니다. 처음엔 스케치를 먼저 받아보고요, 수정 등 작업을 거친 후 채색 샘플을 받고, 조율이 모두 끝나면 나머지 채색을 하죠. 그림은 글보다 수정이 어렵기 때문에 본격적인 작업이 들어가기 전에 샘플을 가지고 의견 조율을 모두 마치는 것이 일을 진행하는 데 좋습니다.

4. 저자로서 직접 창작 활동도 하고 계신 것으로 알고 있습니다. 창작하실 때 소재(모티브)는 어떻게 찾으시나요? 창작만 하기도 힘들 텐데 출판사까지 함께 운영하는 것이 어렵지는 않으신가요?

창작자 마인드와 출판사 오너의 마인드는 많이 다른 것 같습니다. 창작자는 좋은 책을 만드는 데에만 관심을 두면 되지만 오너가 되면 이 책을 현금으로 변신시키는 일에 집중해야 되니까요. (웃음) 집필을 할 땐 아이들에게 전달하고 싶은 내면의 이야기에 집중하면서 좋은 책을 만드는 일에 몰두하고요. 탈고하고 나면 이 책이 보다 많은 독자를 만나도록 많이 팔 생각에 온 정신을 쏟습니다. 창작자로서 출판사를 운영하는 건 시간과 에너지를 관리하는 측면에선 어렵지만 그만큼 제작비를 절감할 수 있다는 장점이 있어요. 물론 창작물의 질을 철저하게 관리해야 하고요.

5. 현재 출판사 규모는 어느 정도인가요? (대략 매출액도 공개를 부탁드립니다)

첫 책이 나온 지 2년이 지났습니다. 여전히 1인출판사이고요. (웃음) 매출은 작년에 1억 5천만 원이 조금 안되었어요. 직원과 사무실 없이 운영하기에는 괜찮은 정도의 매출 규모라고 생각합니다. 아직은 사업적으로 확장을 하는 것보다는 내실을 탄탄하게 다질 때라고 생각하기 때문에 당분간은 힘들어도 1인 체제를 유지하려고 합니다.

6. 출판을 하면서 제일 어려웠던 점은 무엇인가요?

작가와 편집자 출신이다 보니 기획부터 집필, 제작까지는 알고 있었습니다. 처음 시작할 땐 그것이 출판의 전부인 줄 알았고요. 책 발행 이후에 발생하는 일들에 관해 너무 몰랐습니다. 홍보, 영업은 물론이고 경영에 관한 지식도 없어서 많이 헤맸어요. 자금의 흐름을 컨트롤하는 것이 가장 어려웠습니다. 지금도 그렇고요.

7. 출판사를 하면서 가장 좋았던 점과 예비 출판창업자들에게 당부하고 싶은 말씀을 해주세요.

하고 싶은 일을 마음껏 할 수 있다는 점이 좋습니다. 직원일 때는 아무래도 그 회사의 비전에 따라 일을 해야 하는데 오너가 되니 보다 큰 그림을 그리고 원하는 책을 만들 수 있기 때문이죠. 예비 출판창업자 분들께 하고 싶은 말은 많은 준비를 하시라는 것입니다. 일단 시작하면 배우면서 진행하기가 힘듭니다. 기획, 편집, 마케팅, 경영 등에 관해 최대한 많이 공부하고 시뮬레이션하시길 바랍니다. 그리고 출판 사업에는 대박이란 없다는 이야기도 드리고 싶네요. 책 한 권 팔아야 2, 3천 원 남습니다.

내
작은 출판사
시작하기

06

책 제작 첫걸음

나 의 꿈
작은 출판사

06

책 제작 첫걸음

:: 드디어 책을 인쇄하다

이승훈 | 이제 책을 만드는 마지막 단계인 인쇄 제작에 대해 얘기해보겠습니다. 책 제작 과정도 중요하지만 출판사 대표로서 제작 비용을 줄이는 것도 상당히 중요하다고 봅니다.

김동근 | 그렇죠. 하지만 제작 과정을 이해하고 있어야 제작 비용을 줄일 수 있어요. 작은 출판사는 한 푼이라도 비용을 아껴야 살아남을 수 있습니다.

이승훈 | 처음으로 책 제작을 하는 사람이라면 제작 사고가 발생하지 않게 만드는 것도 중요한 것 같습니다. 비용 좀 아끼려다 불량품 책을 만드는 출판사도 수두룩합니다.

김동근 | 네, 초보 출판사라면 제작 사고 없이 안전하게 만드는 것이 우선입니다. 만들 줄도 모르면서 어설프게 행동하면 큰일 납니다. 대량 반품 사태가 일어나는 거죠.

· ·

:: 책 제작하기 전에 할 일

1인출판사의 대표라면 책 제작에 관하여 잘 알고 있어야 한다. 제작에 대해 많이 안다고 해도 인쇄소 직원보다 더 잘 알 수는 없다. 그러므로 세세한 제작 과정에 참견하기보다는 '제작 관리'에 초점을 두는 것이 좋다. 출판사의 경영자로서 책이 제대로 만들어지는지 관리, 감독할 수 있는 지식 정도만 있으면 충분하다. 예를 들어 인쇄판을 어떻게 고정시키고 감광액은 뭘 쓰는가 하는 작업 관련 실무보다는 원하는 색상을 구현하기 위해 인쇄소에 무엇을 요구해야 하는지 알고 있어야 하는 것이다. 인쇄 작업에 대해 많이 알아도 인쇄 기계를 만질 수 없으므로 써먹을 일이 없다. 인쇄소와 의사소통이 잘 이루어지기만 하면 된다.

책 제작 전에 생각할 것은 만들려고 하는 책이 어떻게 생겼는지 먼저 머릿속으로 그려보는 일이다. 초보자가 할 수 있는 가장 쉬운 방법은 서점에 있는 책들을 보면서 '샘플 책'을 고르는 것이다. 마음에 드는 책이나 적합하게 생긴 책을 골라서 참고하여 만들면 제작이 한

결 수월해진다. 책은 생긴 모양이 다 같아 보이지만 자세히 관찰하면 제각각 모습이 다르다. 약간의 지식과 노력이 더해지면 멋들어진 책을 만들 수 있다. 샘플 책을 보면서 확인해야 할 사항은 ① 책 사이즈(판형) ② 제본 형태 ③ 표지와 본문 종이 종류 ④ 본문 색상 ⑤ 무게감 ⑥ 띠지 등이다.

:: 바가지 쓰지 않고 견적서 받는 법, 제작 사양서 작성하기

출판사를 차리고 책을 제작하기 위해 가장 먼저 한 일은 제작 업체들로부터 '견적서'를 받는 일이었다. 얼마에 책을 만들 수 있는지 정말 궁금했다. 다소 만만해 보이는 인쇄소를 고르고 전화를 하니까 '제작 사양이 어떻게 되느냐'고 묻는 것이었다. '음…… 제작 사양은 저…… 소설책처럼 만들려고 하는데요. 어떻게 하면 되죠?' 하고 우물쭈물하니까 그렇게 말하면 책을 못 만드니 제대로 알아보고 전화하라는 핀잔만 받았다. 첫 전화 통화는 30초도 안 되어 끝났다. 이런 제기랄, 내가 도대체 무슨 책을 만들려고 하는 거지? 마치 초등학생이라도 된 느낌이었다. 책 제작에 대해 아는 것이 하나도 없었던 것이다. 출판사등록만 했지 막상 제작 실전에 돌입하니까 모르는 것 투성이였다. 만들고자 하는 책의 제작 사양과 특징을 인쇄소에 제대로 전달하지 않으면 견적조차 받기 힘들었다.

출판 초보자가 제대로 제작 견적서를 받아 보려면 '제작 사양서'가 필요하다. 제작 사양서를 작성하면 자신이 만들려는 책이 구체적으

제작 사양서	
수신 : ○○ 인쇄소 발신 : 북스페이스 출판사 (담당자 : 이승훈, 연락처 : 010-000-0000) 제목 : "정글의 법칙" 책 제작 견적 요청	
도서명	정글의 법칙
판형 / 면수	신국판(152*225)/224페이지
제작부수	2,000/3,000부
제책형태	무선제본
날개	있음
인쇄	표지 – 4도, 단면인쇄
	본문 – 2도, 양면인쇄
	면지 – 인쇄 없음
종이	표지 – 아트지 250g
	본문 – 미색모조 100g
	면지 – 매직칼라 120g 녹청색, 앞뒤 각 2장씩(4p)
기타	표지 후가공 – 무광코팅, 에폭시 작업 있음
비고	1) 제작 후 책은 △△물류 창고에 입고 요망 2) 30부는 출판사 사무실로 배송 요망

로 어떤 모습인지 알 수 있다. 또한 제작 업체와 커뮤니케이션도 원활하게 되어 정확한 작업 지시가 이루어질 수 있다. 정확한 작업 지시가 인쇄 사고를 예방할 수 있다. 제작 사양서를 작성하려면 우선 구상하고 있는 책을 어떤 형태로 만들 것인지 결정해야 한다. 말로 전달해도 되지만 서류로 만들어서 보내는 것이 실수를 줄이는 방법이다. 제작 사양서에는 판형(사이즈), 페이지 수, 제본 형태(무선제본, 양장제본), 본문 색상, 제작 부수, 후가공 및 띠지 여부 등의 사항이 반드

시 포함되어야 한다.

:: 드디어 견적서를 받다

제작 사양서를 인쇄소에 보내면 견적서를 보내준다. 두세 곳의 견적서를 검토한 후 어느 인쇄소로 할지 결정한다. 인쇄소를 정하면 지속적으로 거래하게 되므로 제작 비용뿐만 아니라 제작 환경, 담당자 성향, 납기일 준수 등 여러 가지 사항을 고려해 결정하기를 권한다.

초보 출판사는 최저가 견적을 받기 어렵다. 그래도 견적서를 두 곳 이상 받아서 가격을 비교해 보면 최소한 바가지는 쓰지 않게 된다. 몇 군데만 알아보면 업계의 평균적인 비용을 파악할 수 있다. 무조건 싸다고 좋은 것은 아니다. 가격이 지나치게 낮으면 기대한 만큼 인쇄 품질이 나오지 않을 수도 있다. 평균적인 견적비용으로 제작하는 편이 안전하다.

앞에 보이는 양식은 일반적인 단행본을 제작할 때 사용하는 간단한 제작 사양서이다. 정해진 양식이 있는 것은 아니고 제작 업체에서 이해하고 견적을 낼 수 있는 내용만 포함하면 된다. 제작 부수가 2,000부와 3,000부로 두 가지가 기재되어 있으므로 견적서는 두 장이 오게 된다. 이것은 제작 부수에 따른 견적의 차이를 알아볼 수 있는 방법이다. 제작 부수가 많아지면 권당 제작 단가가 낮아진다. 제작 단가가 어느 정도 낮아지는지 알아보기 위해 일부러 두 가지 견적을 받는 제작 노하우이다.

책의 형태는 책 내용, 독자층, 제작 원가 등에 따라 달라질 수 있다. 독자의 만족도를 높이는 책을 만들면서도 제작 비용을 낮추는 선에서 적절한 형태를 정하게 된다. '무조건 싸게!'를 외치며 제작 비용만 줄이려고 한다면 조잡한 책이 만들어질 수 있다. 어린이 책인데 책장을 넘기기 어렵다거나 직장인을 대상으로 하는 경영서인데도 너무 볼품없어서 들고 다니기 창피한 느낌이 들면 곤란하다.

실무적으로는 책의 형태 구상을 책의 제작 단계가 아니라 책 기획단계에서 미리 한다. 기획 의도에 따라 책의 형태를 미리 구상해야 원고를 편집할 때 고려할 수 있게 된다. 편하게 필기를 해야 할 책이 잘 펴지지 않아서 글씨 쓰기가 어렵다면 제 기능을 한다고 볼 수 없다. 책 페이지 수가 많아서 두껍다면 견고한 하드커버를 사용하여 양장제본으로 제작하는 것이 적합하다. 제작 사양은 책 내용에 어울리는 형태와 제작 비용을 종합적으로 고려해서 결정하면 된다.

견적을 받았다면 '제작 발주서'를 작성해서 제작 업체에 제작 발주를 하면 된다. 발주를 하려면 책 크기(판형), 본문 내용의 색, 종이 종류, 종이 두께, 제본 방법, 표지 코팅 종류, 표지 후가공, 띠지, 가름끈 등 책을 구성하는 모든 요소들을 결정해야 한다.

:: **초판 제작 부수 결정**

초판을 얼마나 제작할지는 언제나 고민된다. 몇 권을 찍어야 할지 감이 잘 오지 않기 때문이다. 시장 상황과 마케팅 방법에 따라 초판

견 적 서

西紀 2014 年 8 月 13 日

북스페이스 貴下

대덕문화사

아래와 같이 청구합니다.

경기도 파주시 탄현면 갈현리 809-24
전화:031-948-5618 팩스:031-943-5618

합계금액 (금액+V.A.T)	삼백삼십사만팔천육백삼십일				원정 (₩	3,348,631	)
품 명		규 격	수량/R	색 도	단 가	금 액	비 고
내 작은 출판사 시작하기 - 2,000부						–	
	본문-인쇄비	636*939	28	2 2	4,000	448,000	
	본문-판 비	CTP	28	1	10,000	280,000	
	표지-인쇄비	4*6	1	4	8,000	32,000	
	표지-판 비	CTP	4	1	10,000	40,000	
	표지/무광코팅		1	1	70,000	70,000	
	표지/에폭시		1	1	150,000	150,000	
	에폭시/필름		1	1	20,000	20,000	
	에폭시/판대		1	1	30,000	30,000	
						–	
	무 선 제 본		2000	1	170	340,000	
						–	
본문용지 - 100미모		636*939	30	1	46,680	1,400,400	
표지용지 - 250스노우		4*6	0.9	1	170,000	153,000	
연지용지 - 120매직칼라 A Group		4*6	0.5	1	161,620	80,810	
						–	
						–	
						–	
						–	
소 계						3,044,210	
당 월 합 계						3,044,210	
V . A . T						304,421	
총 합 계						3,348,631	

제작 부수를 결정한다. 초판 발행부수를 결정해야 제작 단가를 정확히 계산할 수 있다. 발행 부수가 너무 적으면 제작 단가가 높아져서 수지가 맞지 않는다. 많이 제작하면 권당 제작 단가는 낮아지지만 판매가 저조하다면 재고 비용이 늘어난다. 그러므로 적절한 제작 수량을 정해서 계획한 기간 내에 판매하는 것이 제일 좋다.

일반적인 단행본의 초판 부수는 2~3천 부 내외이다. 2천 부 이하로 제작하면 권당 제작 단가가 올라간다. 3천 부 이상 제작하면 단가가 낮아지지만 판매가 저조할 경우 재고가 쌓이는 부담이 있다.

전문서인 경우 수요가 적어서 1천 부 이하로도 제작할 수 있다. 가령 수요가 확실한 대학 교재라면 300부를 인쇄하는 대신 높아진 권당 제작 비용을 회수하기 위해 책값을 높게 책정한다.

초판조차 판매하지 못할 것 같은 책은 출판하면 안 된다. 초판 2천 부를 다 팔 수 있을지 확신이 서지 않는다면 그 책을 과연 출판해야 할지부터 재검토해야 한다. 그래서 사업은 모험적이며 위험을 감수해야 하는 부분이 있다.

:: 제작 업체 선정 요령

책을 만드는 데 필요한 제작 업체를 미리 선정해야 한다. 책을 만들기 위해 거치는 업체는 약 여섯 군데이다. 필요한 작업에 따라 추

출력소	지업사	인쇄소
라미네이팅 업체	후가공 업체	제책소

가 될 수도 있다. 작업 단계별 제작 업체를 일일이 섭외해도 되고 인쇄소에 일괄적으로 맡겨도 된다. 인쇄소는 평소 거래하는 업체들이 있으므로 원활하게 제작하려면 한꺼번에 맡기면 편리하다.

대개 1인출판사는 소개를 받아서 일을 시작한다. 무작정 찾아다니는 것보다 소개를 받는 편이 편하다. 처음에 한두 번 정도는 고생할 각오를 하고 이것저것 많이 물어보는 것이 좋다. 발품을 많이 팔수록 좋은 업체를 만날 확률도 높아진다.

제작 업체에 견적 문의를 하면 '제작 일정'에 대해 물어온다. 출간 일정이 촉박하면 납기일을 맞추기가 어렵기 때문이다. 인쇄소에 데이터 파일을 금요일에 맡기고 월요일 아침에 나오게 해달라고 하면 어이없다는 반응을 보일 것이다. 여유 있는 제작 기간이 필요하다. 무조건 빨리 해달라고 하는 것은 바람직하지 않으며 제작 업체도 무리해서 들어줄 리 없다. 괜히 미안해서 아무 때나 좋다고 말하는 것도 금물이다. 제작 일정이 자꾸 뒤로 밀리는 수가 있다. 적절한 일정을 알려주고 그 기간 안에 해달라고 부탁하는 것이 요령이다.

출판사와 제작 업체와의 관계를 '갑을관계'로 파악하여 제작 업체를 함부로 대하는 사람들이 간혹 있다. 특히 출판디자이너를 오라 가라 하면서 부려먹는 출판사가 있는데 이는 대단히 잘못된 행동이다. 제작 업체를 비롯하여 디자이너 등은 출판사의 책을 잘 만들어주기 위한 파트너라고 생각하고 협력 관계를 만들어가는 것이 바람직하다. 돈 주니까 내 맘대로 하겠다는 안하무인 태도를 보이면 출판 업계에서 오래 일하기 힘들다.

출력소

출력소에서 하는 일은 인쇄용 원판을 만드는 일이다. 인쇄용 원판을 만드는 방식에는 크게 두 가지가 있다. 필름에 출력을 하는 방식과 CTP(Computer to Plate) 방식이다. 필름 방식은 디자이너가 작업한 최종 파일을 얇고 투명한 인쇄용 필름 위에 출력한 다음 이것을 인쇄용 금속판에 옮기는 방식을 말한다. CTP 방식은 필름을 출력하는 과정을 생략하고 인쇄용 판을 직접 만드는 방식이다. 필름 출력 과정이 없기 때문에 그만큼 비용 절감 효과가 있다. 인쇄용 판을 만드는 출력 전문 업체도 있지만 대부분의 인쇄소에서는 출력 업무를 겸하고 있다. 작업 비용을 비교해 보고 결정하면 된다.

지업사

지업사에서는 종이를 판다. 책을 만들기 위해서는 기본적으로 표지용 종이, 본문용 종이, 표지와 본문 사이에 들어가는 면지용 종이가 필요하다. 종이는 인쇄하기 전에 미리 주문해야 한다. 문구점에 가서 A4 용지 구입하듯이 즉시 사다가 인쇄소에 갖다 주는 것이 아니다. 지업사에 인쇄 일정에 맞춰 인쇄소로 배달해달라고 하면 된다.

제작비에서 종이 값이 큰 부분을 차지한다. 지업사에서는 '고시가'라고 해서 종이의 가격을 공개하고 있다. 하지만 실제로 살 때는 여기서 어느 정도 할인을 해준다. 지업사와 거래를 할 때는 할인율과 결제 방식에 대해 주의를 기울여야 한다. 첫 거래에서는 선결제를 해야 할 수도 있다. 지업사가 처음 보는 출판사와 외상 거래를 하기가 쉽지 않기 때문이다. 현금을 먼저 입금해달라고 하면 절반을 선입금하고 잔액을 책 제작 완료 후 입금하는 방식으로 협의할 수 있다. 신뢰가 쌓이면 후불 결제로 바꿀 수 있고 월말 결제도 가능하다.

Q. 필름이 왜 필요하죠? 그냥 디카를 쓰면 안 될까요?

A. 출판사 창업 초기에 이해되지 않던 용어 중에 '필름'이 있었습니다. 인쇄를 하는데 필름이 필요하다는 것입니다. 처음에는 필름이 왜 필요한지 몰랐습니다. 출판 제작에서의 필름은 일반적으로 생각하는 카메라용 필름이 아니라 투명 비닐로 된 필름입니다. 과거에 사용하던 OHP필름을 생각하면 이해하기 쉽습니다. 출판계에서 자주 쓰이는 '필름'이란 용어가 출판계에 이제 발을 들여놓은 사람에게는 대단히 낯설게 느껴집니다. 아는 단어지만 쓰임이 전혀 달라 뜻이 통하지 않기 때문입니다.

필름에 책 내용을 출력한 후에 그 필름을 이용하여 인쇄판(소부판)을 제작합니다. 그 인쇄판에 잉크를 묻혀 종이에 찍는 과정이 인쇄 과정입니다. CTP방식으로 출력을 하면 필름이 필요 없습니다. 필름 없이 곧바로 인쇄판 제작을 하기 때문입니다. 최근에는 거의 CTP방식을 사용합니다.

:: **표지 용지**

전자책이 아닌 이상 책을 만드는 데는 종이가 필요하다. 같은 색이라도 종이 종류에 따라 색상이 다르게 보일 수도 있다. 종이 자체에 광택이 있거나 색을 포함하는 경우도 있고 재질에 따라 색상이 다르게 나타날 수도 있기 때문이다.

일반적으로 표지에 많이 사용하는 종이는 '스노우화이트지'와 '아트지'이다. 업계에서는 아트지를 '아드지'라고 잘못 말하는 것을 종종 들을 수 있다. 백색이므로 컬러 인쇄시 색 표현이 좋다. 다만 표지에 여백을 많이 두는 디자인을 할 경우 흰색 바탕이 유통 과정에서 밀리고 쓸리고 먼지가 많이 붙는 등 때가 많이 타는 단점이 있다.

소프트커버 도서의 표지는 스노우화이트지 $250g/m^2$를 많이 사용한다. 가로 1m×세로 1m인 종이가 250g이라는 뜻이다. 종이 $1m^2$의 무게를 '평량'이라고 한다. 평량이 클수록 종이는 두꺼워진다. 양장제본의 커버는 $180g/m^2$를 주로 사용한다.

:: **본문 용지**

단행본의 경우 일반적으로 미색 모조지와 백색 모조지를 사용한다. 미색 모조지는 종이에 약간 노르스름한 빛이 나서 눈의 피로를 덜어준다. 평량은 $80g/m^2$ 또는 $100g/m^2$를 주로 사용한다. 평량이 너무 낮으면 종이가 얇아서 반대쪽에 인쇄된 내용이 비칠 수 있다. 본문 분량이 많은 경우 용지를 $80g/m^2$로 사용하면 책 무게와 두께를 줄일 수 있다. 반면 본문 분량이 적은 경우 100g/㎡ 용지를 사용하면 두께가 늘어나 부피감을 줄 수 있다.

본문 용지의 평량은 디자인 측면에서 중요하다. 책을 만들 때 '책등'의 두께가 본문 용지 두께에 따라 달라지기 때문이다. 책등의 폭은 책 두께와 같다. 책등의 폭을 정확히 알고 디자인하지 않으면 책등이 비뚤어진 책이 된다. 아주 중요한 사항이므로 지업사에 본문 총 페이지 수를 알려주고 두께를 알려달라고 요청해서 디자인 작업을 해야 한다.

:: **면지**

책을 보면 표지와 본문 용지 사이에 색지가 들어가 있는 것을 볼 수 있다. 이 종이를 면지라고 부르는데 본문을 보호하는 역할을 한다. 면지를 사용하면 책이 더 예뻐 보이는 효과가 있다. 면지 가격이 본문 용지보다 비싸기 때문에 2도 인쇄의 경우 본문 용지에 색을 칠해서 사용하는 경우도 있다. 이렇게 하면 제작 비용을 아끼면서 면지효과를 낼 수 있다.

종이 종류는 많이 알 수록 좋다. 우리나라의 대표적인 제지 회사는 한국제지, 한솔제지, 무림제지, 신호제지 등이 있고 이들 제지 회사에서 종이를 받아 판매하는 곳이 지업사이다.

각 제지 회사에서 만드는 종이는 같은 종류일지라도 색감이나 무게에 다소 차이가 있다. 서점에 나가 단행본에 가장 많이 사용하는 본문 용지인 미색모조지를 만져 보면 느낌이 서로 다른 것을 알 수 있다. 이런 차이는 종이를 만들고 보관하는 환경이 다르기 때문에 발생한다. 종이를 만들 때 들어가는 화공 약품에 따라 종이의 질감이 미세하게 변화한다. 이런 사소한 차이가 책을 읽을 때 여러 가지 좋은 느낌으로 작용할 수 있다.

어떤 종이를 사용할지 판단이 되지 않을 경우 유사한 책들이 어떤 종이를 사용하고 있는지 관찰하여 참고하는 방법이 편하다. 독자들이 책을 집어들고 책장을 넘길 때 느끼는 선행 경험 때문이다. 기존에 학습된 독서 경험을 무시할 수 없다.

재생 용지 사용에 의미를 두는 경우에도 독자가 느끼는 책의 물성과 경험을 반영해야 한다. 거부감이 드는 책을 만들면 곤란하며 제작비 상승도 감안해야 한다.

이름	용도	자주 사용하는 종이
표지	두꺼운 표지(양장)	합지
	얇은 표지(소프트)	아트지, 스노우화이트지(250g/㎡)
면지	본문을 보호함	매직칼라(120g/㎡), 다양한 색상
본문 용지	본문 인쇄용	미색모조지, 이라이트 등 다양함
기타 용지	띠지, 광고용 전단지	아트지
부자재	가름끈	양장제본 시 주로 사용함

:: **종이 규격**

종이에는 규격이 있다. 출판할 때 사용하는 종이는 국전지(菊全紙)와 사륙전지(46全紙)라고 부르는 종이 사이즈를 사용한다. 국전지는 A계열, 사륙전지는 B계열이라고도 한다. 국전지와 사륙전지는 일상적으로 보는 종이보다 훨씬 크다.

종이 사이즈는 인쇄기에 맞는 종이를 수입하면서 시작되었다. 국전지(菊全紙)는 개화기 때 수입되던 종이의 상표에서 유래되었다고 한다. 당시 수입 종이의 상표가 국화 모양과 비슷해서 국전지라고 부르게 되었다는 것이다. 이름에 특별한 의미는 없으며 일제강점기부터 사용하던 용어가 관용적으로 굳어진 것 같다.

종이를 세는 단위는 '연'이다. 인쇄용 종이는 한 장 두 장 세지 않고 '연(Ream)' 단위로 센다. 종이 500매 묶음을 '1연' 또는 '1R'이라고 표기한다. 종이를 구입할 때 연 단위로 구매를 하게 된다.

종이 가격은 원료인 펄프의 수급과 출판사의 수요에 따라 수시로 변동한다. 1년 내내 판매 가격이 비슷한 A4 용지 한 박스를 떠올리면 안 된다. 종이 값은 지속적으로 상승하고 있다. 대량으로 꾸준히 판매되는 책인 경우 종이 가격이 낮을 때 미리 구매해 두었다가 나중에

	종목(세로결)	횡목(가로결)
국전지	636×939	939×636
사륙전지	788×1091	1091×788

인쇄할 때 사용하는 출판사도 있다.

:: **종이결**

종이에는 결이 존재한다. 종이는 펄프를 가공해서 만드는데 펄프의 배열 방향에 따라 미세한 결이 생긴다. 신문지를 가로세로 방향으로 찢어보면 쉽게 확인할 수 있다. 책을 오래 보관하거나 잘못 만드는 경우 결에 의한 뒤틀림 현상이 발생할 수 있다. 쉽게 말하면 책이 살짝 뒤틀려서 우글우글해지는 것이다.

종이결에는 '종목'과 '횡목'이 있다. '종목'은 세로결, '횡목'은 가로결인데 눈으로 확인하기 어렵다. 일반적인 단행본 형태가 아니라 변형된 규격의 책을 만들 때에는 종이결을 반드시 고려해서 주문해야 한다. 종이결을 잘못 결정하면 나중에 책이 뒤틀리게 되어 대량 반품될 수 있음을 명심해야 한다.

단행본의 일반적인 사이즈인 신국판의 경우 종이결은 국전지 종목이며 사륙판은 횡목을 사용한다. 신국판과 사륙판은 가장 많이 사용되는 판형이므로 종이결을 암기해 둘 필요가 있다.

:: **절수와 대수**

종이 소요량을 계산할 때 '절수'와 '대수'의 개념을 잘 알고 있어야 한다. 절수는 전지 한 장을 몇 조각으로 자르느냐의 개념이다. 신국판은 16절이므로 16조각이 된다. 대수는 실제 인쇄기에 들어가는 종

명칭	크기	종이결	전지 1매당 면수	주요 용도
국배판	210×279	국전지 횡목	8절 (16페이지)	디자인 잡지, 여성종합지
국판	148×210	국전지 종목	16절 (32페이지)	교과서, 단행본
국반판	105×148	국전지 횡목	32절 (64페이지)	문고판
타블로이드	254×374	46전지 횡목	8절 (16페이지)	벼룩 신문
46배판	188×257	46전지 횡목	16절 (32페이지)	여성지, 참고서
46판	128×188	46전지 횡목	32절 (64페이지)	문고판
신국판	153×225	국전지 종목	16절 (32페이지)	단행본
크라운판	176×248	46전지 횡목	16절 (32페이지)	사진집
30절판	125×205	46전지 종목	30절 (60페이지)	단행본
36판	103×182	46전지 횡목	40절 (80페이지)	문고판

이 사이즈에 있는 쪽수를 말한다. 양면으로 인쇄를 하게 되므로 16절은 32페이지가 된다.

:: 종이 소요량 계산법

신국판 크기로 224페이지인 책을 2,000부 제작할 때 본문 종이 사용량을 계산해 보자. 224페이지짜리 책을 2,000부 만들어야 하므로 총 448,000페이지를 인쇄해야 한다. 신국판은 전지 한 장에 32페이지가 인쇄되므로 국전지가 총 14,000장 필요하다. 500장이 1연이므로 14,000장을 연으로 환산하면 28연이 된다. 이것을 수식으로 나타내면 다음과 같다.

$$224 \times 2,000 \div 32 \div 500 = 28R$$

28R은 정확히 2,000부를 만드는 데 필요한 양이다. 실제로 책을 제작할 때에는 시험 인쇄할 종이가 필요하고 제본 과정 중에 불량이 발생될 것에 대비해 여분의 종이가 더 필요하다. 한 대를 인쇄하기 위해 약150매 정도의 여분이 필요하다. 본문을 4도로 인쇄할 때는 200~300매 정도로 여분이 더 필요하다. 표지 종이의 경우 100~150매의 여분을 주면 적당하다.

색상이나 인쇄 기계에 따라 필요한 여분의 양이 다르다. 여분이 모자라면 원하는 수량만큼 제작이 안 될 수도 있으므로 인쇄소와 상의하여 충분한 여분을 주는 것이 좋다.

:: 인쇄소

인쇄소에서는 인쇄 작업을 한다. 모니터로 보는 색과 종이로 인쇄된 색은 차이가 있다. 최대한 원하는 색상이 나오도록 인쇄를 하는 것이 중요하므로 직접 눈으로 확인할 필요가 있다. 컬러사진이 많이 들어가거나 색이 중요한 책이라면 반드시 확인해서 인쇄 오류가 발생하지 않도록 해야 한다. 인쇄기는 복사기처럼 버튼만 누르면 바로 인쇄되어 나오는 것이 아니다. 잉크를 교체하고 인쇄판을 장착하는

인쇄기 (신사고 하이테크 제공)

준비 작업도 해야 하므로 시간이 걸린다. 인쇄소에서는 여분의 종이에 시험인쇄를 해서 제대로 인쇄가 되는지 확인한 후에 본인쇄에 들어간다.

인쇄소에서 보유하고 있는 인쇄기가 어떤 종이 사이즈까지 인쇄할 수 있는지, 자신이 원하는 형태의 인쇄물을 만들어줄 수 있는지 확인을 해야 한다. 작업장이 너무 지저분하거나 정리가 안 되어 있는 업체는 피하는 편이 낫다. 인쇄기 관리가 안 되는 업체는 그만큼 신경을 덜 쓴다는 의미로 해석할 수 있기 때문이다. 인쇄를 잘 모르는 초보 1인출판사 대표가 인쇄기 상태를 알아 볼 수도 없으므로 작업 환경을 근거로 간접적으로나마 판단하는 것이다.

인쇄소에는 '인쇄 기장'이라는 직책을 맡은 사람이 있다. 인쇄기를 다루며 인쇄 업무를 총괄하는 책임자이다. 인쇄기는 인쇄가 잘되도록 여러 가지 상태를 맞춰야 하는데 기장의 경험에 많이 좌우된다.

일반적으로 단행본의 경우 표지는 4도 인쇄, 본문은 1도 또는 2도 인쇄를 한다. 1도 인쇄는 한 가지 색깔로 인쇄하는 것을 말한다. '본문 1도'라고 하면 일반적으로 검정색(먹색)으로 인쇄하는 것이고 '2도 인쇄'는 검정색과 파란색, 검정색과 빨간색처럼 두 가지 색으로 인쇄하는 것을 말한다.

표지는 다양한 색상을 표현하기 위해 4색 인쇄를 기본적으로 한다. 인쇄용 색은 CMYK로 표시하며 파란색(C), 빨간색(M), 노란색(Y), 검정색(K)으로 구성되어 있다. 이 네가지 색을 인쇄의 4원색이라 하며 이것을 혼합하여 다양한 색을 표현하게 된다. 색이 많아질수록 당연히 제작 비용은 상승한다.

책은 인쇄 품질이 매우 중요하다. 그러므로 인쇄소를 정하는 일은 아주 중요한 일이다. 인쇄 과정에서 중요한 점은 인쇄 비용과 인쇄 품질 그리고 일정이다. 아주 특수한 인쇄물을 제외하고는 대형 인쇄소에서의 인쇄 품질은 대체로 만족할 만한 수준이다. 비용 아끼려고 영세 업체의 노후한 인쇄기를 찾으면 인쇄 품질을 보장할 수 없다.

옵셋(Off-set)인쇄

인쇄판을 이용하여 직접 인쇄하는 방식을 '옵셋인쇄'라고 한다. 과거에는 활자를 일일이 끼워 인쇄하던 '활판인쇄'를 했지만 지금은 거의 볼 수 없다.

POD(Print-On-Demand)

POD는 주문형 출판 서비스를 말한다. 책을 주문하면 즉석에서 만들어주는 서비스이다. 책을 만들 수 있는 시스템을 갖춰 놓은 후 책 내용을 프린트하여 바로 제본해서 책을 만들어주는 것이다. 수요가 적은 책이나 절판되어 구하기 어려운 책의 경우 원하는 구매자가 있을 때마다 만들어 판매할 수 있는 장점이 있다. 소량 생산이므로 책값이 비싼 단점이 있지만 절판된 책을 구하고 싶은 독자의 상황을 고려하면 꼭 필요한 서비스이다.

별색

본문이 2도 이상인 경우 검은색 이외에 다른 색이 추가로 인쇄된다. 이때 정확한 색을 지정해주어야 한다. 모니터로 보는 색과 종이로 인쇄할 때 색이 다르므로 색상표에서 색을 지정해주면 원하는 색을 구현할 수 있다. 색상표에는 DIC 숫자 또는 Pantone 숫자가 있다. 이 번호를 알려주면 인쇄할 때 그 색으로 인쇄하게 된다. 대충 '오렌지색이요'라고 말하면 황달기가 있는 오렌지색으로 인쇄될 수도 있으니 색상표 숫자를 찾아보고 정해야 한다. 색상표는 인터넷이나 앱으로 다운 받아서 확인할 수 있다.

:: 감리

책이 제대로 인쇄되었는지 확인하는 작업이 '감리'이다. 책이 다 만들어진 다음에 감리하러 가면 이미 늦는다. 감리는 인쇄 작업 시작할 때 해야 한다. 인쇄 감리에서 체크할 사항은 ① 표지가 제대로 나오는지 ② 인쇄농도가 맞는지 ③ 2도 인쇄인 경우 다른 색(별색)의 색상 표현이 정확한지 ④ 얼룩은 없는지 ⑤ 선명하게 인쇄되는지 등이다. 궁금한 점이 있으면 인쇄 기장에게 물어보면 된다.

:: 라미네이팅(Laminating) 업체

표지 인쇄가 끝나면 표지에 비닐 코팅을 위해 라미네이팅 업체로 표지가 보내진다. 책 표지는 얇은 비닐로 코팅이 되어 있는데 빛이 반사되지 않는 무광 코팅과 빛을 받으면 반짝반짝 빛나는 유광 코팅이 일반적이다. 여러 가지 질감을 표현하는 코팅도 있다. 어떤 무늬의 코팅이 있는지는 샘플을 참고하거나 라미네이팅 업체에 문의하면 친절하게 알려준다.

비용이 크게 들어가는 공정이 아니므로 결제 방식을 선택하기 보다는 빠르게 작업을 해줄 수 있는 곳을 찾는 편이 낫다. 코팅은 표지만 하는 것이므로 본문과 별도로 진행할 수 있다. 표지만 먼저 인쇄해서 라미네이팅 작업을 하고 있으면 그 사이에 인쇄소에서 본문 인쇄를 할 수 있다. 동시에 작업을 해야 제작 기간을 줄일 수 있다.

:: 후가공 업체

책을 보면 표지 제목에 오톨도톨하게 코팅이 되어 있는 것을 볼 수 있다. 에폭시라는 투명 물질로 살짝 코팅을 해주는 것이다. 제목을 눈에 띄게 해주며 책을 돋보이게 해준다. 에폭시 작업 이외에도 종이를 눌러서 올록볼록하게 만드는 형압 작업도 있고 은박이나 금박을 찍을 수도 있다. 책이 우수도서로 선정되거나 특별히 표시해야 할 사항이 생기면 금박 마크를 만들어 찍을 수도 있다. 다양한 효과를 내기 위한 아주 많은 후가공 기술들이 있다. 책 표지를 독특하게 표현해 보고 싶다면 후가공 업체에서 제공하는 샘플북을 보면서 표지 효과를 고를 수 있다. 표지 후가공에 대해서는 후가공 업체와 상의하는 것도 좋지만 표지 디자이너와 먼저 상의해서 결정할 것을 권한다. 그래야 표지의 디자인적인 요소를 고려할 수 있다.

:: 제책소(제본소)

책 형태를 만드는 것을 제책(또는 제본)이라고 한다. 전지에 인쇄가 끝난 인쇄물들은 제책소로 모여 책 형태로 묶이게 된다. 제책소에 도착한 인쇄물들은 먼저 '접지 작업'을 거친다. 접지는 인쇄된 커다란 종이를 책 사이즈로 일일이 접는 과정이다. 일반적인 신국판 도서는 국전지를 16장이 되도록 접는다. 그다음 종이의 가장자리를 칼로 잘라내는 재단 작업이 이어진다. 이렇게 접지된 한 묶음의 종이 더미가 '한 대'가 된다. 이 종이 더미들을 순서대로 쌓아 엮으면 책이 된다. 제책소에서는 인쇄된 종이를 접어 책으로 묶는 작업을 담당한다. 여러 대의 인쇄물들을 순서대로 놓고 표지를 씌운 후에 접착제 또는 실로 단단히 묶게 된다. 기본적으로 풀(본드)과 실을 이용하여 제책을 한다. 본문 종이를 묶고 표지를 붙이는 작업을 하는, 말 그대로 책을 제작하는 과정이다. 제책이 끝난 책들은 물류 업체(창고)로 운반된다.

일반적인 단행본의 제책 방식은 크게 두 가지로 나누어 볼 수 있다. ① 두껍고 단단한 종이(합지)로 표지를 만든 양장제책 방식과 ② 본문 종이보다 약간 두꺼운 종이를 표지로 하여 풀만 사용해 책을 만든 풀매기 제책(또는 무선제책) 방식이다.

양장제책(줄여서 '양장'이라고 부른다)은 하드커버로 만든 책이라서 책이 고급스러워 보인다. 본문 종이를 실로 꿰매어 만들기 때문에 튼튼하다. 대신 그만큼 제작 비용이 증가한다. 표지를 하드커버로 하지만 실 꿰매기는 하지 않고 풀로 접착시키는 양장제책도 있다. 일반적으로 양장제본 과정에는 실매기 작업(사철)을 하며 페이지 수가 많은 경우 가름끈(시오리)을 붙이기도 한다. 양장을 하는 가장 주요한 이유는 본문 보호와 고급스럽게 보이는 효과 때문이다. 본문을 실로 꿰맬 것인지 풀로 접착시킬 것인지 정하는 것은 책에 필요한 내구성과 제작 비용을 고려해 정하게 된다.

풀매기 제책(흔히 '무선'이라고 부른다)은 표지 용지로 주로 아트지 또는 스노화이트지($250g/㎡$)를 많이 사용한다. 끈끈한 풀을 사용해서 만들기 때문에 인쇄소에서는 일명 '떡제본'이라고 부른다. 가장 많이 사용하는 제책 형태이다. 과거에는 종이 접착에 사용하는 풀(본드)의 성능이 떨어져 본문 용지가 떨어지는 불량이 자주 발생하였다. 하지만 최근에는 풀의 접착력이 좋아져서 본문 종이가 뚝뚝 떨어지는 불량은 드물다.

제책 방식은 인쇄소 또는 제책 업체와 상의해서 정하면 인쇄 사고를 미연에 방지 할 수 있다. 양장과 무선제책 방식 이외에도 다양한 제책 방식이 있다. 제작하려는 책이 일반적인 형태가 아니라면 반드시 인쇄소와 협의를 해서 적합한 제책 방식을 결정해야 한다.

완성된 책은 일정한 수량씩 묶어서 팔레트에 쌓아둔다. 책을 묶을 때 사용하는 끈에 의해 책 표지가 손상되는 것을 방지하기 위해 골판지를 댄다. 이 종이를 '댐지'라고 부른다. 책을 쌓을 때도 규칙이 있다. 대여섯 권씩 돌려 쌓음으로써 어느 한쪽으로 기울어지지 않게 작업이 진행된다. 책에 날개가 있어서 같은 방향으로 쌓으면 균형이 맞지 않아 무너져 버릴 수 있다. 물류 창고로 운반을 할 때에는 비닐로 전체를 씌워서 운반한다. 운반 도중에 흔들려 무너지거나 비가 오기도 하고 바람에 흩날릴 수 있기 때문이다.

:: 인쇄 사고에 대처하는 방법

시행착오는 적을수록 좋다. 출판계에 오래 근무한 사람들은 '시행착오'의 불가피성에 대해 말한다. 시행착오를 겪어야 한다는 의미이다. 하지만 시행착오는 적을수록 좋다. 주의를 기울이면 시행착오를 줄일 수 있다.

　인쇄 과정에서 불량품이 발생하지 않도록 세심한 주의와 관리가 필요하다. 아무리 주의를 해도 문제가 발생할 수 있다. 이럴 때에는 짜증을 내거나 귀찮아하지 말고 원인과 해결책을 찾아야 한다. 인쇄 사고가 발생하면 자포자기하고, 왜 나한테 이런 일이 생겼을까?, 하며 자학하는 사람들이 종종 있다. 어디에서 누가 실수를 했든지 빠르게 해결하는 것이 최선의 방법이다.

:: 가제본

　가제본이란 책이 제작되기 전에 미리 샘플 책을 만들어 보는 것이다. 본인쇄에 들어가기 전에 '가제본'을 요청하는 것도 인쇄 사고를 방지하는 방법이다. 인쇄 사고는 페이지 순서가 잘못되었다거나 색상이 원하는 것과 다르거나 뒷면이 비치는 등 예상치 못한 일들이 대부분이다. 가제본을 해보면 잘못이 발생할 수 있는 여지를 사전에 줄일 수 있다. 새로운 형태의 책 사이즈나 커버를 제작할 때는 가제본을 하는 것이 좋다. 미처 생각하지 못했던 오류가 발견될 수 있다.

:: 사고는 제작처와 협의하여 해결

　인쇄 사고가 발생하면 우선 인쇄소에 문의를 하는 것이 첫 순서이다. 어쩌다가 이런 일이 벌어졌는지 해당 업무를 담당한 인쇄소에 물어보는 것이다. 인쇄소에서는 이런저런 사정이 있어서 인쇄 사고가 발생했다는 얘기를 해줄 것이다. 그리고 어떻게 하면 이 문제를 해결할 수 있는지도 알려줄 것이다. 간단한 문제라면 인쇄소가 알려준 해결책에 따라 처리하면 된다.

문제는 인쇄 사고를 해결하는 데 추가 비용이 많이 드는 경우 누가 부담을 할 것인지가 논란이 될 수 있다. 인쇄 사고가 인쇄소의 잘못이 아닌 경우도 있고 불가항력적으로 발생할 수도 있기 때문이다. 드물지만 인쇄소의 잘못을 출판사 탓으로 돌리는 경우도 있다. 출판사 대표가 인쇄에 대해 너무 모르면 그렇게 된다.

:: **띠지 만들 때 주의할 점**

필요에 따라 책에 띠지를 추가로 두르기도 한다. 반드시 띠지를 해야하는 것은 아니다. 띠지가 훼손되면 반품 들어올 각오를 해야한다. 주로 광고효과를 위해 띠지를 만든다. 광고문구를 기재하거나 책 표지에 기재하지 못했던 내용을 표시한다.

주의할 사항은 '띠지가 책의 ISBN을 가려서는 안 된다'는 점이다. 경험 있는 출판디자이너라면 띠지에도 ISBN을 넣어서 디자인을 해준다. 만약 띠지에 ISBN이 없으면 어떤 일이 벌어질까? 서점 직원이 일일이 띠지를 떼어내 바코드를 찍고 다시 띠지를 조심스레 감아야 한다. 계산 과정이 복잡해지면 서점 업무가 원활하지 못하게 된다. 이는 서점 직원에게 출판사의 실수를 떠넘기는 것이다. 심한 경우에는 대량 반품 사태를 맞을 수 있다. ISBN은 반드시 주의해야 한다.

:: KC안전인증

책은 위험한 물건일까? 인체에 유해하지 않고 안전하다는 인증을 받아야 하는 제품들이 있다. 도서에 대해 '어린이제품안전특별법'이 2016년 6월부터 시행되었다. 이 법에 따르면, 만 13세 이하의 어린이가 사용하거나 만 13세 이하의 어린이를 위한 제품은 그 품목에 따라 ① 안전인증 ② 안전확인 ③ 공급자적합성확인을 받도록 되어 있다. 또한 ④ 어린이제품 공통안전기준을 준수하도록 규정되어 있다. 위반 시 벌금 및 과태료가 부과된다.

만 13세 이하의 어린이가 사용하거나 만 13세 이하의 어린이를 위해 사용되는 책은 안전관리대상 어린이제품에 해당된다. 어린이제품 공통안전기준을 준수해서 KC안전인증을 받아야 한다. 어린이책을 출판하는 출판사는 안전인증을 받고 관련 서류를 보관하고 있어야 한다. 안전인증기관은 한국화학융합시험연구원, 한국건설생활환경시험연구원 등이 있다.

유해물질 안전요건에는 책이 유해한 화학물질을 포함하고 있거나 사용금지 물질을 함유하고 있으면 안 된다. 물리적 안전요건에는 날카로운 끝, 가장자리, 자석, 작은 부품 등이 어린이에게 위해가 되면 안 된다.

가장 일반적인 아동도서는 종이, 잉크, 풀, 코팅제 등으로 이루어져 있다. 책 만들 때 필요한 원부자재를 취급하는 회사는 제품의 품질검사를 통해 유해물질 안전요건에 충족한다는 제품설명서나 제품검사 결과서를 비치하고 있다. 이러한 경우 출판사는 각 생산업체에서 제공하는 유해물질 안전요건에 충족된 제품검사 결과서를 받아서 보관하고 있으면 별도의 유해물질안전 검사를 받을 필요가 없다(대한출판문화협회 발표자료).

즉 '유해물질 안전요건 시험성적표'가 있는 인쇄소에서 책 제작을 하고, 안전 시험성적서가 있는 지업사의 종이를 구입한다면 별도로 안전인증을 받지 않고 해당 시험성적서를 제공받아 보관하면 된다. 일반적인 아동도서를 만드는 경우에만 해당된다. 아동용 완구나 독특한 형태의 아동도서라면 안전인증을 받아야 한다.

:: **출판물류 대행업체 정하기**

책이 인쇄되는 동안 출판물류 대행업체(배본사 또는 물류 창고)를 선정해야 한다. 책 제작이 끝나면 곧바로 물류 창고에 책을 입고시켜야 하기 때문이다. 물류 업체 선정은 책 제작이 완료되는 시점까지 하면 된다. 입고될 책도 없는데 미리 계약할 필요는 없다.

출판사를 하려면 전자책이 아닌 이상 실물 책이 서점에 납품되거나 구매자에게 배송되어야 한다. 이렇게 하려면 출판사에서 직접 배달을 하거나 물류 업체를 이용해야 한다. 물류 업체의 주요 업무는 출판사의 책을 보관하고, 출판사의 출고요청이 있으면 서점으로 배송해주거나 서점에서 반품된 책을 수령하여 보관하거나 재생하는

도서물류

일을 한다. 출고 요청은 물류 대행업체의 인터넷 사이트 또는 관리 프로그램을 통해서 하게 된다. 일부 물류 대행업체의 경우 관리 프로그램을 유료로 제공하기도 한다.

'나는 책이 몇 권 없으니까 쇼핑몰처럼 택배를 써도 되겠지'라는 생각을 한다면 당장 그 생각을 버리기 바란다. 택배를 이용하겠다는 건 민폐를 끼치겠다는 소리다. 서점에서 일일이 택배 포장을 풀어야 하며 반품도 일일이 택배용지를 사용해 개인적으로 보내야 한다. 물류 업체를 사용하면 물류 업체별로 입출고가 진행되어 서점 직원의 고생을 줄일 수 있다. 일부 1인출판사들 때문에 1인출판사를 대하는 서점측의 시선이 따가워진다. 엄밀히 말해 택배로 서점에 배송하는 것이 불가능한 것은 아니다. 하지만 결코 바람직하지는 않다. 일부 서점은 물류 업체 계약서가 없는 출판사와 신규 거래 계약을 하지 않고 있다. 물류 업체를 사용하지 않는다는 것은 결국 상품인 책을 원활하게 공급받을 수 없다는 뜻이므로 서점 입장에서는 당연히 꺼릴 수밖에 없다.

출판물류 대행업체는 출판사가 요청한 장소에 책을 배송해 주는 업무를 한다. 독자가 인터넷 서점인 YES24에 책을 한 권 주문하면 YES24에서는 그 책을 출판한 출판사에 책 한 권을 주문한다. 주문서를 받은 출판사가 물류 업체에 책을 YES24로 배송해달라고 요청하면 물류 업체는 YES24 물류 창고에 해당 책을 납품한다. 이 과정을 '책이 서점 창고에 입고되었다'고 한다. YES24는 회사 창고에 입고된 책을 주문한 독자의 집으로 배송한다.

책 제작이 끝나면 제책소가 '책을 어디로 입고시켜야 하냐?'고 물을 것이다. 이때 물류 업체 이름과 연락처를 알려주면 된다. 책이 입고되면 인쇄소 또는 제책소에서는 입고 확인증을 팩스로 출판사에게 보내준다.

서점과 신규 거래 계약을 하려면 책이 꼭 필요한데 시간이 없어서 물류 창고에 책을 가지러 가기 어려울 수 있다. 이럴 때는 필요한 수량을 출판사로 보내달라고 제본소에 미리 요청해두자. 그러면 제책소에서는 출판사가 요청한 수량만큼 출판사로 보내고 나머지를 물류 창고로 입고시킨다. 물류창고에서 제공하는 물류관리 프로그램을 통해서 재고상태를 파악할 수 있다.

> **Q. 물류 대행업체를 이용하지 않고 택배로 서점에 책을 보내도 되나요? 아직 책 종류가 적어서 물류비용이 부담스럽습니다.**
>
> **A.** 간혹 택배를 이용하려는 1인출판사가 있는데 바람직하지 않습니다. 일부 서점의 경우 택배로 책을 보내도 받아주기는 하지만 택배 거래를 아예 받지 않는 서점도 있습니다. 택배 거래를 하지 않는 서점이 불공정한 것은 아닙니다. 나름대로 이유가 있습니다. 출판사에서 택배를 이용해 서점 물류 창고로 책을 보내면 서점 직원들이 일일이 포장을 풀고 확인해야 하는 번거로움이 있습니다. 더구나 서점에서 책을 반품하는 경우 서점 물류 창고에서 일일이 택배 포장을 해서 출판사로 보내야 합니다. 이런 일은 서점 입장에서는 대단히 비효율적입니다.

책 제작이 끝나고 물류창고에 입고되었다면 판매 가능한 상태가 된 것이다. 이제 본격적인 영업 활동이 남았다. 교보문고, YES24, 알라딘 등 서점과 신규거래를 하여 책을 판매할 일이 남았다.

[출판사 인터뷰] 그들은 어떻게 출판사를 시작했을까?
〈쇼크잉글리시〉 출판사 정형정 대표

1. 출판사를 창업하기 전에 어떤 일을 하셨나요? 그리고 출판사를 창업하게 된 계기가 있으신가요?

　여러 가지 일들을 했습니다. 대한민국 최초로 프린터 잉크 충전방을 오픈해서 '잉크세상'이란 브랜드로 전국에 체인화했고 중국과 필리핀에 원어민 교육센터를 설립해서 원어민 전화 영어, 전화 중국어 업체를 운영하고 있습니다. 출판사를 창업하게 된 이유는 어떤 신념 때문입니다. 우리가 배우는 영문법은 일본 영문법을 그대로 베낀 것입니다. 일본 학자들이 만들어놓은 영문법 공식들은 대부분 엉터리입니다. 언젠가는 이 모든 것을 바로잡는 혁신적인 영어 문법서를 만들고 말겠다는 신념을 20대부터 갖게 되었고 이를 실현하기 위해 출판사를 창업하게 되었습니다.

2. 출판사 이름은 어떻게 지으셨나요? 영어 분야 책을 전문적으로 출판하시는 것 같은데, 그 분야를 선택하게 된 이유가 있으신가요?

　영어 문법서 출간이 창업 목표였기 때문에 영어 분야 책을 출간하는 것은 당연한 거죠. 출판사 이름이 〈쇼크잉글리쉬〉입니다. 책을 출간하기에 앞서 《영문법 쇼크》 원고를 중고생들, 대학생 등에게 나눠주고 책 내용이 어떤지 평가해 달라고 했습니다. 그 원고를 본 다수가 상상을 초월하는 쇼크를 받았다고 하더군요. 그래서 〈쇼크잉글리쉬〉라고 이름을 지었습니다. 그리고 《전치사 쇼크》, 《영문법 쇼크》처럼 책 제목도 쇼크시리즈로 지은 것이죠.

3. 저자 겸 출판사 대표로 활동하시는 것으로 알고 있습니다. 1인 2역을 하시는 데 어려움은 없으신가요? 저술과 출판사 경영은 서로 다른 일이라서 어려울 것 같은데요.

1인 2역은 상당히 힘듭니다. 하지만 저는 사업에 있어서 풍부한 경험을 갖고 있기 때문에 영업 활동에 있어서는 어려움을 거의 느끼지 않습니다. 문제는 저술이죠. 책을 집필한다는 것은 상당히 힘든 일이었습니다. 이런저런 책을 모아 짜깁기해서 출간하는 책이라면 어렵지 않겠지만 새로운 패러다임을 제시하는 혁신적인 영어 문법서를 출간한다는 것은 오랜 시간과 많은 연구가 필요했습니다. 한 권 출간도 어려운데 세 권 출간! 창작의 고통은 상상 그 이상이지요.

4. 출판 마케팅을 적극적으로 하는 편으로 알고 있습니다. 서점 광고 영업에 대해 알려주세요.

책을 출간한 후 홍보 활동을 적극적으로 해야 합니다. 신간이 너무나도 많이 출간되는 관계로 서점의 신간 평대에 일주일 진열도 어렵습니다. 책이 평대에 진열되지 않고 서가로 들어가면 그 책은 수명이 끝나 버리지요. 서가(책꽂

이에 꽂힌 책)는 책의 무덤이라고 합니다.

그래서 책은 반드시 평대에 진열되어야 판매가 됩니다. 책을 평대에 꾸준히 진열하기 위해서는 서점 평대 광고를 지속적으로 진행해야 합니다. 신간을 출간했다면 먼저 교보 광화문, 교보 강남, 교보 잠실, 교보 대구, 반디 센트럴지점에 평대 광고를 진행하세요. 평대에 진열했음에도 책이 잘 팔리지 않는다면 그 책은 독자들로부터 외면받는 책이라는 것입니다. 그런 책이라면 아무리 열심히 마케팅 활동을 한다고 하더라도 답이 없습니다. 평대 광고를 진행하면 책이 어느 정도의 힘을 갖고 있는지 바로 파악할 수 있습니다. 출간하기만 하면 잘 팔리겠지 하는 환상은 버리세요.

5. 현재 출판사 규모(매출액)는 어느 정도인가요?

2013년 1월 첫 책 《전치사 쇼크》가 출간되었고 12월에 《영문법 쇼크》 1편이 출간되었습니다.

첫해 매출은 1억 1천만 원 정도였습니다. 《전치사 쇼크》가 베스트셀러가 되었기 때문에 1종의 책으로 매출 1억을 달성할 수 있었습니다. 2년 차인 올해 매출은 3종의 책으로 3억 5천만 원 정도 예상합니다. 1인출판사 매출로는 상당한 수준이죠. 앞으로 쇼크 시리즈가 계속 출간될 것이고 적극적인 마케팅 활동을 펼칠 것이기 때문에 매출액은 더 증가하겠지요. 외국어분야는 진입 장벽이 높아 진입하기 매우 어렵지만 한번 진입하면 스테디셀러로 꾸준히 가는 특징이 있습니다.

6. 출판을 하면서 제일 어려웠던 점은 무엇인가요?

책을 집필하는 것이 가장 어렵습니다. 창조의 고통이라고 할까요? 저는 마케팅이나 기획에 강점을 지닌 사람입니다. 전국 곳곳을 다니면서 마케팅 활동에 전념해야 하는데 영업 활동은 하지 못한 채 오랜 시간을 컴퓨터와 함께 해야 하는 것이 가장 힘이 듭니다.

7. 출판사를 하면서 가장 좋았던 점과 예비 출판 창업자들에게 당부하고 싶은 말씀을 해주세요.

제 책으로 인해 너무나 행복하다고 말씀해주시는 분들이 많아 저자로서, 1인출판사 대표로서 큰 희열을 느끼고 있습니다.

1인출판사를 하시려는 분들은 명심해야 할 것이 있습니다. 첫째도 콘텐츠, 둘째도 콘텐츠, 셋째도 콘텐츠입니다. 탄탄한 콘텐츠로 탁월한 책을 내는 것이 출판업의 핵심입니다. 누군가의 마음을 움직일 수 없는 책은 절대로 출간하지 마십시오. 초판 1천 권을 판매하지 못하고 사라지는 책들이 90% 이상입니다. 이러한 현실을 무시한 채 환상을 갖고 출판 시장에 뛰어드는 것은 스스로 무덤을 파는 행위라고 말하고 싶습니다.

내
작은 출판사
시작하기

07

책 나오면 할 일

나의 꿈
작은 출판사

07

책 나오면 할 일

:: 책 나왔다, 이제 뛰어!

이승훈 | 첫 책이 나오자마자 눈코 뜰 새 없이 바빴던 기억이 납니다. 물류 창고 가서 책 가져오고 서점으로 신규 계약하러 가고 여기저기 홍보도 해야 하니까요.

김동근 | 책이 나온 직후가 가장 바쁠 때입니다. 책을 서점에 보내고 나서 각 서점에 잘 진열되어 있는지 일일이 확인도 하고 영업도 해야 하니까요.

이승훈 | 필사적으로 영업을 하지 않으면 책 판매는 어려운 것 같습니다. 독자가 알아서 구매하는 경우는 극히 드물거든요.

김동근 | 영업이 끝났으면 숨 돌릴 틈도 없이 다음 책 만드는 일에 몰두해야 합니다. 1인출판사는 이런 일들의 연속입니다.

이승훈 | 아이고, 쉬지도 못하네.

· ·

:: 보도자료 작성과 배포

제작 발주를 하고 약 1주일이 지나면 책이 제작되어 물류 창고에 입고된다. 이 기간 동안 작은 출판사의 대표는 할 일이 많다. 출판될 책에 대한 보도자료를 작성해야 한다. 보도자료는 늦어도 책이 완성되기 직전까지는 완성시켜야 한다. 출판된 다음 작성하기 시작하면 그만큼 늦는다. 보도자료를 작성하는 이유는 각 언론사에 신간 도서를 알리기 위함이다. 기자들이 보도자료를 보고 좋은 책을 먼저 찾아 서평을 쓰는 경우도 있다. 그러므로 출판사에서 보도자료를 잘 써서 그 책에 관심을 가질 만한 기자에게 전달해야 한다.

출판사를 대신하여 보도자료를 각 언론사에 배포해주는 업체가 있다. 보도자료 배포 업체가 따로 있는 걸 보면 출판 업계가 얼마나 세분화되어 있는지 느낄 수 있다. 대표적인 업체가 북피알미디어(www.bookprmedia.com)이다. 이곳에 신청하면 해당 업체가 출판사로 직접 방문하여 책과 자료를 수거해 간다.

북피알미디어에서는 각 언론사 기자 리스트를 제공한다. 출판사는 이 리스트에 책을 받을 기자를 골라 체크할 수 있다. 출판사에서 보낸 책과 보도자료는 각 언론사 기자들 책상 위로 배달된다. 기자에게 배달되는 책이 하루에 얼마나 될까? 그 수량을 생각한다면 보도자료도 더 잘 써야 하고 책도 잘 만들어야겠다는 생각이 저절로 들게 된다.

신문 기사에 소개된 책은 아무래도 많은 잠재 독자에게 노출이 되므로 책 구매로 이어질 확률이 높다. 인터넷 서점의 어느 MD의 말에 따르면 과거에는 신간 도서가 주요 일간지에 소개되면 재인쇄를 해야 할 정도로 책이 팔렸던 적이 있었지만 최근에는 신문 매체의 영향력이 줄어서인지 기사화가 되어도 엄청난 속도로 팔리는 건 아니라고 한다.

TV 예능 프로그램에 소개된 경우 판매량이 급증하기도 한다. 대개 PPL 광고이거나 개인적 친분으로 소개되는 경우들이다. PPL 광고의 경우 수억 원을 호가하기도 한다. 작은 출판사는 엄두도 못 낼 광고이다. 하지만 '북트레일러'라고 하는 짧은 동영상을 제작하여 홍보하는 것은 가능하다.

보도자료를 단순히 책 정보, 저자 정보, 목차, 서평을 적어놓은 자료로 생각하면 오산이다. 보도자료의 목적은 크게 두 가지이다.

첫째, 언론사의 기자들이 기사화하기 위한 자료가 된다. 기사화되려면 기자들이 기사를 쓰기 쉽게 보도자료가 작성되어야 한다. 하루에도 수십 권씩 쏟아지는 책을 일일이 다 읽어 보고 기사를 쓴다는 건 대단히 어려운 일이다. 그래서 출판사의 보도자료를 많이 참고하게 된다. 보도자료가 기사 작성에 도움이 되지 않거나, 칭찬만 잔뜩 있어 광고 글과 다를 바 없으면 기자들이 선호하지 않는다. 이슈를 짚어주고 기사에서 인용하기 쉬운 형태로 보도 자료를 작성해야 한다. 작은 출판사와 대형 출판사의 보도자료를 구해서 비교해 보면 확실히 차이점을 발견할 수 있다. 언론사 성향에 따라 보도자료도 따로 작성해서 보내는 세심한 출판사도 있을 정도다.

둘째, 보도자료는 독자에 대한 홍보 자료로 활용된다. 보도 자료를 본 일반 독자에게 책을 구입해 읽어보고 싶은 충동을 일으키려는 것이다. 장황하고 지루하게 쓴 글은 읽지도 않는다. 무조건 좋다는 식의 소개 글은 이른바 '댓글 알바'처럼 취급될 수 있다.

:: 서지정보 작성

서지정보(책 정보)의 내용은 주로 책 소개, 내용 요약, 저자 정보, 목차, 서평 등으로 구성되어 있다. 서점과 계약이 이루어지면 서점에서 SCM 프로그램을 제공해주는데 이것을 이용하여 출판사가 서지정보를 직접 입력하기도 한다. 직접 입력이 어려운 경우라면 각 인터넷 서점에 서지정보 입력을 담당하는 직원이 있으므로 서점에 이메일로 보내면 된다. 그런데 교보문고와 YES24는 독자에게 제공하는 책 정보 형식이 약간 다르다. 서점 담당자가 알아서 쓰라는 식으로 대충 보내면 서지정보가 잘못 입력되거나 본인의 의도와는 다르게 등록될 수 있다. 기본적인 내용은 미리 작성해 두고, 이것을 각 서점에 맞는 순서와 형태로 가공해서 보내는 것이 좋다.

가장 중요한 것은 책이 나오면 인터넷 서점에 책 정보를 신속히 등록하여 즉시 검색될 수 있게 해야 한다는 점이다. 책 정보가 등록되어있지 않으면 인터넷 서점에서 책 판매가 이루어지지 않는다. 심지어 며칠씩 판매가 일어나지 않는 경우가 발생할 수 있다. 신간이 나왔는데 검색도 안 되고 판매가능 상태가 되지 않으면 입이 바짝 타들어간다. 미리미리 준비해서 타이밍을 놓치지 않는 것이 중요하다.

:: 서점과 신규 거래 계약 맺기

책이 나오면 재빨리 서점과 거래 계약을 해야 한다. 그래야 서점에 책을 공급하고 돈을 받을 수 있다. 신규 계약은 첫 책이 나왔을 때 한 번만 하면 된다.

신규 계약을 위해 준비해야 하는 서류가 각 서점마다 다르므로 해당 서점 인터넷 사이트에 안내되어 있는 신규 계약 담당자 연락처를 찾아서 준비해야 할 서류를 확인한다. 회사 대 회사로 만나는 것이므로 약속을 사전에 조율하고 가는 것이 좋다. 비즈니스 매너이기도 하지만 필요한 서류를 빠뜨리지 않고 준비할 수 있기 때문이다. 신규 거래는 책이 있어야 서점에서 받아준다. 책도 없이 신규 거래 계약을 하겠다고 서점에 가면 계약이 이루어지기 어렵다.

교보문고 파주 본사 전략구매팀

:: 위탁판매

서점에 진열된 책들의 공통점은 무엇일까? 아직 안 팔린 책이다. 서점에 있는 책들은 서점 소유가 아니다. 해당 출판사 소유의 책인데 서점이 맡아서 판매를 하는 것이다. 일종의 판매 대행인 셈이다. 이것을 '위탁판매'라고 한다. 일반적으로 물품 판매의 경우 도매상이나 소매상이 물건을 싸게 구입해서 소비자에게 이윤을 덧붙여 판매를 한다. 하지만 책은 서점이 도매가격으로 구입해서 독자에게 소매가격으로 판매하는 구조가 아니다. 서점은 책이 팔린 만큼 출판사에게 판매 대금을 정산해준다. 출판 업계의 해묵은 관행이다.

:: **공급률**

서점은 출판사로부터 판매가보다 낮은 가격에 책을 공급받는다. 그리고 소비자인 독자에게는 공급받은 가격보다 비싸게 판매한다. 서점이 출판사로부터 공급받는 책 가격은 일반적으로 정가의 60~70%이다. 이것을 '공급률'이라고 한다. 학습서의 경우 50% 내외가 될 수도 있고 전문 서적의 경우 70%가 넘기도 한다. 책 종류와 판매 수량을 고려하여 서점과 출판사가 협의하여 결정한다. 물론 서점이 우위에 있기 때문에 영향력이 더 크지만 출판사의 입장에서도 협상하여 조정할 여지는 있다.

:: **서점 MD와 떨리는 첫 만남**

서점에 신규 거래 담당자가 별도로 있는 경우에는 신규 거래 담당자를 만나서 신규 거래 계약을 체결하게 된다. 교보문고의 경우 신규 거래 담당자가 따로 있다. 신규 거래 계약이 완료되면 해당 분야 담당자를 만날 수 있다. 책을 팔고 싶다면 자신감을 갖고 서점에 가서 담당자를 만나야 한다. 인터넷 서점이라면 매장이 없으므로 서점 본사로 가면 된다. 교보문고 담당자를 만나려면 어디로 가야할까? 본사가 있는 파주로 가야 한다. 교보문고와 인터넷 교보문고는 담당자가 다르다.

무작정 가면 될까? 무작정 가도 만날 수는 있다. 하지만 이런 종류의 만남은 업무상 미팅이므로 사전에 약속을 잡고 가는 것이 원활한 업무를 위해 필요하다. 담당자가 다른 일로 자리를 비우거나 휴가 중이라면 무작정 찾아간 사람만 헛수고를 하게 된다.

좌석 배치도에서 해당 분야 담당자를 찾아 용기를 내어 한 걸음 들어가 보자. 저기를 들어가야 살아남을 수 있다. 해당 분야의 도서 담당자를 MD라고 한다. MD를 만나는 가장 큰 이유는 신간 서적을 홍보하고 최초 공급물량('초도 수량'이라고도 한다)에 대해 협의하기 위함이다. 최초 공급물량을 많이 받을수록 책 제작비를 회수하는 기간이 짧아져 출판사에게 큰 도움이 된다. 예를 들어 200권을 입고하면 다음 달 결제일에 200권에 대한 책값이 출판사 통장으로 입금된다. 이것이 MD를 만나는 중요한 이유 중 하나이다.

담당 MD와 미팅을 할 때 기본적으로 MD에게 책을 줘야하고 또 MD가 여러 명일 수도 있으니 최소 10부 정도 가지고 다니는 것이 좋다. MD를 만났는데 가져온 책이 다 떨어졌다고 말하면 아주 어색한 분위기가 될 수밖에 없다.

YES24의 MD와 미팅을 할 때 경쟁사인 교보문고를 직접 언급하는 것은 비즈니스 매너에 어긋나는 행동이다. 당신은 출판사 대표 입장에서 미팅을 하는 것이므로 말할 때 주의가 필요하다. 다른 서점을 언급해야 할 때에는 '타사'라는 표현을 쓰는 것이 좋다. 다른 서점에는 이렇게 했다고 말하면 MD는 충분히 알아듣는다. 만약 MD가 구체적으로 어느 서점이냐고 묻는다면 그때는 타사가 어느 서점인지 이름을 얘기해도 된다. 이런 행동은 사소해 보이지만 매너 있는 사람으로 보이게 한다.

:: 직거래, 총판, 일원화

직거래는 서점과 출판사가 직접 거래하는 것을 말한다. 서점이 출판사로 책을 주문하면 출판사가 서점으로 책을 보내는 방식이다. 하지만 모든 서점과 직거래를 하기에는 무리가 있다. 이럴 때는 전국 서점에 책을 공급해주는 총판(도매상)을 이용하면 편리하다. 출판사는 총판으로 책을 보내기만 하면 된다. 전국 서점들은 총판으로 책을 주문하기 때문이다. 대표적인 총판으로 북센, 송인서적 등이 있다. 이 두 업체의 공통점은 부도경험이 있다는 점이다. 서점이 부도나면 출판사는 책값을 떼이게 된다. 돈 떼일 각오가 되어 있다면 총판을 이용해도 좋다.

서점과 일일이 거래하기 귀찮으면 총판 업체와 '일원화' 계약을 할 수 있다. 일원화 계약을 하면 총판 업체가 출판사를 대신하여 전국 서점과 거래하게 된다. 출간된 책의 종수가 많지 않은 출판사의 경우 일원화보다 직거래를 하는 것이 수금 면에서 유리하다. 만약 서점의 주문 사항에 대해 일일이 체크하는 것이 귀찮거나 그렇게 할 수 없는 상황이라면 총판과 거래하는 것이 유리하다. 출판사의 상황에 맞는 결정이 필요하다.

총판 업체의 정산 방식은 대형 서점과 다르다. 책 한 권이 판매되었다고 해서 다음 달에 즉시 출판사가 정산받을 수 있는 것이 아니다. 일정 한도 금액을 정해놓고 그 금액 이상이 수금될 때 차액만 정산한다. 또한 현금결제가 아니라 어음결제인 경우도 있다. 총판도 나름대로 고충이 있겠지만 출판사에게 매우 불리한 조건이다.

1인출판사의 경우 매출액이 크지 않다면 대형 서점과는 직거래 방식으로 하고, 지방 중소 서점에 대해서는 선입금 후출고 방식(현매) 또는 총판 업체를 이용하여 거래하는 것이 적당한 방법이다. 직거래할 서점은 교보문고(인터넷 교보문고 포함), YES24, 인터파크 도서, 알라딘, 서울문고(반디앤루니스), 영풍문고 등이다. 직거래를 한다는 것은 이들 서점에서 출판사로 직접 주문을 한다는 것을 뜻한다. 독립출판물의 경우 전문적으로 취급하는 서점도 있다.

:: 서점 거래에 필요한 서류

각 서점 사이트에 접속해보면 신규 거래에 필요한 서류를 안내하고 있다. 서점마다 신규 거래에 필요한 서류가 약간씩 다르다. 반드시 서점 사이트에서 확인한 후에 서류를 준비해야 한다. 담당자에게 연락하여 구비해야 할 서류를 확인하면 시간을 낭비하지 않고 정확하게 일처리를 할 수 있다.

교보문고 신규 거래 담당자 앞에는 늘 사람들로 북적인다. 필자도 한참을 기다려 거래 계약을 마쳤다. 그런데 거래 계약 후 한 달이 되었는데도 아무런 주문이 없었다. 다른 서점에서는 주문이 들어오는데 교보는 잠잠한 것이었다. 잔뜩 실망하고 있는데 드디어 교보에서

01 신규 구비서류

- 사업자 등록증 사본 1부
- 인감증명서 원본 1부 [개인 : 대표 / 법인 : 법인] 와 인감도장
  - 사용인감으로 계약서를 작성하시는 출판사께서는 사용인감계부를 직접 작성하시어 첨부 하시기 바랍니다.
- 결제계좌 통장 사본 1부 [은행상관없음] [개인 : 대표명의 / 법인 : 법인명의]
- 전자결제은행가입확인서 1부 [전자어음, 신한외담대 중 택1]
  - 반드시 은행에서 가입 후 가입확인 서류를 받아오시기 바랍니다.
  - 외담대는 신한은행에서 가입하시면 되고, 전자어음은 모든 은행에서 가입 가능합니다.
- 정기간행물 등록증 사본 1부 [잡지거래 시]
- ISBN 및 Bar-Code가 등록되어 있는 도서 견본 1부
- 배본사 계약서 사본 1부
  - 배본사와 배본계약 체결 후 증명할 수 있는 서류를 첨부하시기 바랍니다.
  (ex : 계약서 사본 등)
  - 원활한 도서 공급 관리를 위하여 최소 2종 이상의 도서가 출간되어 있어야 계약이 가능합니다.
  (도서가 준비 중이거나 1종인 경우는 계약이 불가하오니 이 점 양해하여 주시기 바랍니다.)

02 거래조건

- 정기지불   당사에 도서 진열 및 판매 후 판매수량을 정산하여 매월 10일 지불. [정산기간은 매월 1일~말일]
- 일시급   교보문고에서 일정수량 이상을 구입하고 구입한 수량만큼 지불
- 한도지불   당사와 협의된 한도잔액을 남기고 매월 10일 지불

03 신규신청서 작성

- 당사와 거래 시 출판사에서는 위 사항을 숙지하시고, 반드시 신규[변경]거래신청서[당사양식]와 거래약정서[당사 양식]를 다운받으셔서 필요한 내용을 기재, 방문하여 주시기 바랍니다. [거래약정서 2부 작성 요망]

전화가 왔다.

'OO출판사죠?'

'네, 맞습니다.'

'혹시 폐업하셨나요?'

'아니요, 왜요?'

'주문 들어간 책이 하나도 납품되지 않아서요.'

'어, 주문팩스 받은 게 없는데요?'

'주문팩스가 아니라 SCM에서 확인하셔야 돼요.'

이런 망할. 그동안 주문이 없었던 것이 아니라 SCM을 보지 않았

199

기 때문이구나. 당장 교보문고 SCM에 접속해보았다. 그동안 밀린 주문이 주루룩 보였다. 다른 서점들은 팩스로 주문서를 보내주기 때문에 교보문고도 당연히 그런 줄 알았다. 교보문고에서 거래 계약할 때 SCM에 가입하고 주문을 확인하라는 말을 해줬더라면 이런 일은 벌어지지 않았을 것이다. 모르면 출판사만 손해를 본다. 서점은 초보 출판사에게 친절하지 않다.

각 서점 SCM에서는 출판사 기본정보, 출간 책의 서지정보 입력 및 수정, 발주 현황, 정산 사항, 계산서 발행 사항, 담당자 연락처 등을 확인할 수 있다. 서점 SCM에 접속하여 제공되는 메뉴를 보면 쉽게 알 수 있다. SCM은 서점과 거래 계약을 한 출판사에게만 공개되는 것이므로 계약 전에는 이용할 수 없다.

서점과 신규 거래 계약이 이루어지면 서점 SCM 아이디를 만들 수 있다. 미리 준비해둔 서지정보를 빠르게 입력해두어야 하루라도 빨

교보문고 SCM 서지정보 입력창

리 인터넷으로 검색이 된다. 빠르게 움직이면 그만큼 더 책을 노출시킬 수 있다. 예를 들어 목요일에 책 정보가 입력되면 이르면 토요일부터 주문을 받을 수 있다. 교보문고 매장은 주말에 많은 사람들이 찾는다. 판매대에 책을 올리고 싶다면 부지런히 움직여야 한다. 하루 차이로 주말을 놓치면 너무 아까운 생각이 든다.

:: 책 홍보에 목숨 걸어라

책 기획을 할 때 구상해두었던 마케팅 방법을 본격적으로 펼쳐야 할 때가 왔다. 설마 아무 마케팅 계획도 없이 책을 낸 건 아니라고 믿고 싶다. 출판사 홈페이지, 블로그, 트위터, 페이스북 등 평소 운영하고 있는 인터넷 매체에 책을 소개하는 글을 올린다. 인터넷 카페에 책 소개 글을 올리면 스팸성 글로 처리되어 삭제되는 비운을 겪기도 한다. 그래도 꾸준히 올려야 하는 것이 1인출판사 대표의 운명이다.

:: 도서 이벤트

가장 많이 하는 도서 이벤트는 책을 무료로 나눠주고 인터넷 서점에 서평을 작성하도록 유도하는 것이다. 독자가 운영하는 블로그에 후기를 올려달라고 할 수도 있다. 인터넷 서점의 리뷰에 따라 판매 흐름이 달라지기도 한다. 리뷰가 하나도 없으면 좋은 책이라는 이미지를 줄 수 없다. 기본적으로 좋은 반응을 보이는 댓글을 만들기 위해 도서 이벤트를 진행한다.

사은품을 제공하는 이벤트도 가능하다. 서점 웹사이트의 이벤트 페이지를 찾아보면 최근 진행되는 행사를 볼 수 있다. 어떤 사은품들이 제공되고 어떤 방식으로 진행하는지 눈여겨보기 바란다.

:: 영업 – 책의 생존 기간을 길게 한다

책이 얼마나 오래갈 수 있을까? 이 질문에 책장에 꽂아둔 책을 떠올리며 '10년 정도?'라고 생각한다면 빨리 독자 마인드에서 벗어나길 바란다. 출판사의 입장에서 책이 얼마나 오래가는지 생각하는 습관을 들여야 한다. 책은 출간 즉시 죽을 수도 있고 관리를 하면 오래갈 수도 있다. 아무 노력도 안 하는데 오랫동안 독자의 사랑을 받는 책은 드물다. 출판사는 출간된 책이 오래갈 수 있도록 홍보 활동과 후속책을 기획해야 한다.

출판영업이 바로 책의 생존 기간을 연장시킨다. 좋은 책을 만든다면 알아서 잘 팔릴 것이라고들 생각한다. 물건만 좋으면 소비자들이 너도나도 사겠다고 하는 것과 비슷하게 생각할 것이다. 물론 책이 좋으면 잘 팔린다. 하지만 잘 팔리는 상태가 되려면 적절한 관리가 필요하다. 즉 영업 활동이 필요하다.

:: 판매대에 놓여 있는 책은 어떤 책인가?

신간 도서는 무조건 서점 평대(책을 쌓아두는 판매대를 의미하며 줄여서 '매대'라고도 부른다)에 놓일 수 있을까? 아니면 잘 팔리는 책만 쌓아두는 것일까? 초보 출판사 사장들이 공통적으로 궁금한 사항일 것이다. 어느 정도 판매량이 기대되는 신간 도서는 일정한 기간 동안 평대에 올려준다. 서점의 구매 담당 MD와 협의해서 최초 주문량(초도물량)을 100부 이상 받으면 서점의 각 지점에 골고루 분배되어 평대에 깔릴 수 있다. 교보문고의 경우 초기에 50부를 공급한다면 광화문점, 강남점, 잠실점 이외에는 1~2부 정도밖에는 안된다. 평대에 올라가려면 한 지점당 10부는 공급되어야 한다. 판매대에 달랑 한 권만 올려놓을 수는 없기 때문이다.

도서 구매량이 점점 줄어들면서 서점에서는 최초 주문량을 점차 줄이는 추세이다. 도서가 위탁판매라서 팔린 만큼 정산하는 구조이지만 서점에서는 최초 주문량에 대해 일괄 현금 지급을 하기 때문에 최초 주문량을 많이 받을 필요가 있다. 이 또한 MD를 만나 미팅을 잘해야 하는 중요한 이유이다.

:: **매장 영업 개시**

진열 상태를 확인했으면 매장 담당자를 만나 영업을 해야 한다. 책 진열 상태가 안 좋으면 슬쩍 잘 보이는 곳으로 책을 갖다 놓는 영업자가 있다. 이런 행동을 매장 담당자들이 매우 싫어한다. 왜냐하면 책을 진열하는 것도 규칙이 있고 광고비를 받고 진열하는 책도 있기 때문이다. 당신의 책을 잘 보이게 하려고 위치를 바꾸는 건 서점의 영업을 방해하는 행위이다.

임의로 위치를 바꾸지 말고 매장 담당자에게 진열 위치를 바꿔달라고 부탁해보자. 매번 변경해주지는 않지만 간혹 성공할 수 있다.

책 수량이 부족한 경우 추가 주문을 요청하면 된다. 책이 한 권 있는 것보다 여러 권이 있어야 독자의 주목을 받기 쉽다. 서점 입장에서는 안 팔려도 반품하면 되니까 선심 쓰듯 몇 권 발주해준다.

이런 상황을 이해하고 어떻게 하면 더 많은 책을 더 잘 보이는 곳에 진열할 수 있을지 고민을 해서 영업 활동을 하면 그 성과가 책 판매로 나타난다. 영업은 한다고 해서 크게 매출이 느는 것은 아니지만 안 하면 판매가 확 줄어든다. 그래서 영업이 어려운 것이다.

영업은 누군가 대신해주기 어렵다. 영업자를 채용하지 않는다면 1인출판사 대표가 직접 해야 제대로 할 수 있다. 아는 사람이 서점에 들를 때마다 대신 영업해주기는 어렵다. 매장에 직접 나가 해보면 알 수 있다. 출판한 책이 적으면 특별히 영업할 일이 별로 없다. 출간 종수가 많아지고 이벤트를 할 만한 여력이 된다면 점점 영업의 중요성이 높아지게 된다.

서가에 꽂힌 책은 눈에 띄기 어렵다. 검색해서 찾는 사람만 찾는 책이 되는 것이다. 평대에 오래 남아있어야 독자의 눈에도 띌 수 있고 그래야 판매도 된다. 그래서 서점영업이 필요하다.

평대에 오래 있기 위해서 광고를 하는 방법이 있다. 광고를 하면 확실히 판매에 도움이 된다. 다만 광고비와 판매이익금을 비교하여 광고 효과를 예측해야 한다. 무작정 광고를 한다고 베스트셀러가 되는 것은 아니기 때문이다. 광고를 했을 때 많이 팔릴 수 있는 책인지, 어떤 형태의 광고를 해야 효과적일지, 광고비 대비 판매량은 어느 정도일지 등을 파악하여 광고 여부를 결정해야 한다. 광고가 판매를 보장해주지 않기 때문이다.

:: 납본

책이 출간되면 국립중앙도서관에 의무적으로 책을 보내야 한다. 이것을 '납본'이라고 한다. 납본에 필요한 서류와 함께 책을 2부 보내면 된다. 납본을 하면 납본보상금으로 책값의 일부가 출판사에게 지급된다. 납본보상금을 많이 받기 위해 책값을 100만 원으로 적었다는 황당한 얘기도 있다. 책 아닌 완구, 색칠놀이 등은 납본할 의무가 없다.

국가의 출판 지원금을 신청할 때나 응모할 때 납본 증명서를 제출하라는 사항이 있으므로 납본 증명서는 잘 보관해두어야 한다. 납본 절차는 국립중앙도서관의 ISBN신청 웹페이지에서 자세한 사항을 확인 가능하다.

:: 데이터 백업과 정리

책이 무사히 서점에 진열이 되고 나면 차분히 정리하는 시간이 필요하다. 일정에 쫓겨 바쁘게 지냈더라도 해야 할 일은 해야 한다. 마무리를 잘해두면 나중이 편해진다. 출간에 필요했던 각종 자료를 모

국립중앙도서관 납본 안내 페이지

납본대상자료	제출서류
도서, 연속간행물, 악보, 지도 및 가제식(加除式) 자료, 마이크로 형태의 자료 및 전자자료, 슬라이드, 음반, 카세트테이프, 비디오물 등 시청각자료, 출판문화산업진흥법 제2조 제4호에 따른 전자출판물 중 콤팩트디스크, 디지털비디오 디스크 등 유형물, 점자자료, 녹음자료 및 큰활자자료 등 장애인을 위한 특수자료, 출판 환경의 변화에 따라 새로운 형태로 발간되는 기록물로서 문화체육관광부장관이 인정하는 도서관자료	1. 도서관자료 납본서·보상청구서 1부 ※ 납본보상금을 청구하지 않을 경우, '도서관자료 납본서'만 작성 2. 계산서(도서) 또는 세금계산서(비도서) 1부

아서 정리해두어야 나중에 편리하게 사용할 수 있다. 데이터 백업과 정리는 아무리 강조해도 지나치지 않다.

출간 데이터는 나중에 전자책을 만들거나 별도의 콘텐츠를 제작할 때 활용할 수 있다. 제대로 보관해두지 않으면 다시 제작해야 하는 일이 발생할 수 있다. 즉 비용과 시간이 이중으로 들게 되므로 잊지 말고 정리해두어야 한다.

[출판사 인터뷰] 그들은 어떻게 출판사를 시작했을까?

〈라이온북스〉, 〈솜씨〉 출판사 최태선 대표

※라이온북스의 최태선 대표는 디자인 회사를 경영하다 출판사를 창업했습니다. 경제·경영, 자기계발 분야에서 꾸준히 책을 내고 있으며, 핸드메이드 분야로 확장하고 있습니다. 최태선 대표를 인터뷰한 이유는 1인출판사가 중장기적 목표로 삼을 만한 롤모델이기 때문입니다.

1. 출판사를 창업하기 전에 어떤 일을 하셨나요? 그리고 출판사를 창업하게 된 계기가 있으신가요?

　출판사에 근무한 경험은 없었어요. 아는 사람과 함께 디자인 회사를 했었죠. 주로 참고서 디자인을 하는 회사였습니다. 저는 디자이너가 아니라 영업을 담당했어요. 일거리가 많아서 바쁘게 일했습니다.

　그런데 일은 많아도 직원이 늘다 보니 벌이가 생각만큼 신통하지는 않았어요. 디자이너 7~8명 인건비에 각종 비용이 증가해서 매출이 늘어나도 이익은 그대로인 상태였죠. 이래서는 안되겠다 싶어 출판사를 창업하게 됐습니다.

　출판사 창업을 결심하고 여러 출판 관련 모임에 기웃거리면서 배우기 시작했습니다. 그러던 중 〈아르고나인〉 출판사의 손호성 대표를 만나 사무실을 같이 쓰기로 하면서 창업을 하게 되었습니다.

    창업 자금도 준비한 것이 얼마 없었어요. 특별히 모아둔 돈이 없었죠. 디자인 회사에서 번 돈은 책 제작비로 썼고, 갖고 있던 재산을 처분해서 3천만 원 정도를 사업 자금으로 썼습니다.

2. 현재 출판사 규모(매출액)는 어느 정도인가요?

    매출액은 6억 원 정도이고 직원은 5명입니다. 편집자 2명, 마케팅 1명, 관리 1명, 디자이너 1명입니다. 각 포지션에 사람을 배치했어요. 저는 현재 출판실무를 하지 않고 경영에 치중하고 있어요. 창업 초기에는 기획도 하고 마케팅도 직접 다 했지만 지금은 직원들이 합니다. 1인출판사에만 머무르지 않고 내실을 기하면서 성장하는 것이 중요하다고 봅니다.

3. 출판사 이름은 어떻게 지으셨나요? 최근 새로운 브랜드를 만드신 걸로 아는데 잘되고 있나요?

    〈라이온북스〉는 종합출판을 하려고 만든 출판사 이름입니다. 라이프 인포메이션을 줄여서 만들었어요. 자기계발서, 경제·경영서 등을 출간했죠. 그러다 〈솜씨〉라는 브랜드를 만들었습니다. 핸드메이드에 관련된 책과 콘텐츠를 제작하고 있습니다.

    '출판사 이름을 잘 지어야 한다'고 말씀드리고 싶습니다. 의미없는 단어나 유행에 따라 지은 이름은 좋지 않습니다. 자신의 철학을 담은 이름을 짓는 것이 중요합니다. 그래야 책을 만들 때 더 신중해집니다. 이것은 브랜드를 형성할 때 필요합니다. 출판사 이름이 모두 브랜드가 되지 못 합니다. 어느 한 분야에서 독자들이 인식할 만한 수준이 되어야 비로소 브랜드가 되는 것입니다. 〈솜씨〉의 경우 수년 동안 생각한 이름입니다. 핸드메이드 분야에 어울리는 이름이고 현재 꾸준히 브랜드를 구축하고 있습니다.

4. 출판사를 시작하면서 어려웠던 점과 좋은 점은 무엇인가요?

돈이 없어서 제일 힘들었습니다. 제작비와 생활비가 필요하니까요. 지금은 직원 월급을 밀리지 않을 정도가 됐습니다.

출판사를 하면서 가장 좋은 점은 저자를 직접 만나는 일이었습니다. 그 분야의 전문가를 만나 새로운 세상을 알게 되는 일이 즐거웠습니다.

5. 예비 출판 창업자들에게 당부하고 싶은 말씀을 해주세요.

신중하게 생각하고 창업하시기를 바랍니다. 무작정 창업하면 힘들어집니다. 단순히 책을 좋아한다면 책 읽는 모임에 나가는 것이 좋습니다. 출판사 창업을 하려면 '비즈니스 마인드'를 갖고 있어야 합니다. 사업 자금도 물론 필요하고요. 비즈니스 마인드도 없고 사업 자금도 없으면 곧 망하게 됩니다. 출판사로 성공하고 싶다면 비즈니스 마인드부터 기르세요.

내
작은 출판사
시작하기

08

판매 대금 정산과 세금신고

나 의 꿈
작은출판사

08

판매 대금 정산과 세금신고

:: 드디어 수금하는 날

이승훈 | 책을 판매하면 다음 달에 판매 대금을 받을 수 있습니다. 조금 더 빨리 받는 방법은 없을까요?

김동근 | YES24 같은 인터넷 서점은 다음 달에 현금으로 수금이 되긴 되는데, 장부대조와 계산서 발행이 착착 진행돼야 해요. 북센이나 송인 같은 총판은 어음을 주기도 합니다. 현금이 좋은데 말이죠.

이승훈 | 일부 도매상과 지역서점에서 책 대금을 제대로 결제 해 주지 않는다는 얘기도 있던데요? 판매된 책값을 어떻게 하면 받을 수 있을까요?

김동근 | 경기가 점점 안좋아서 그런지 부도가 나거나 폐업을 하는 서점들이 종종 있습니다. 결제 조건이 좋지 않은 서점과는 거래하지 않는 것이 가장 좋은 방법입니다. 돈 떼이면 맘고생이 엄청 심합니다.

• •

:: 판매보다 더 중요한 수금

송인서적이 또 부도를 냈다. 출판시장에는 다른 상품들처럼 중간 유통업체가 있다. 송인서적, 북센과 같은 도매상들이 중간 유통업체들이다. 도매상들은 지방 서점까지 책을 공급하는 역할을 한다. 유통 측면에서 대단히 중요한 위치에 있는 업체들이다.

문제는 이들 업체들의 결제가 명확하지 않다는 점이다. 수년 전 출판세미나에서 송인서적 관계자가 회사 소개를 하며 '결제 금액 30만 원이 넘으면 종이어음을 준다.'고 말해서 야유를 받은 적이 있다. 겨우 30만 원 정산하면서 전자어음도 아닌 종이어음을 준다는 말은 참석자들의 공분을 일으켰다.

2017년 1월 2일, 송인서적은 결국 돌아온 어음을 막지 못해 부도를 냈다. 부도가 나던 날 오전까지 아무렇지 않게 책 주문을 받았는데 오후에 부도를 내는 어이없는 일을 저질렀다. 송인서적에서 받은 어음은 휴지조각이 됐고 재고서적은 행방을 알 수 없게 됐다.

소액 결제금액에 어음을 돌리는 구태의연한 관행과 불투명한 유통관계가 이 사태의 원인으로 지적됐다. 졸지에 수천 만 원을 날린 출판사들이 한둘이 아니었다. 출판시장에 어음관행이 사라지지 않는 한 부도사태는 반복될 수밖에 없다.

땅이 꺼질듯한 한숨을 쉬는 작은 출판사 대표들의 탄식이 눈에 선하다. 그 사이로 출판은 위탁판매라서 어음거래가 불가피하다는 궤변도 들려 왔다. 이 와중에 이익을 본 출판사도 있나 보다. 어음 자체는 불법이 아니므로 법으로 금지할 수는 없다. 출판계 전체가 한데 뭉쳐 어음결제를 거부하지 않는 한 해묵은 관행은 없어지지 않을 것이다. 결국 이런 꼴을 당하지 않으려면 어음을 주는 서점과 거래하지 않는 방법뿐이다.

:: **판매 대금 빨리 받는 방법**

이번 달에 서점에서 책이 팔리면 서점은 그 다음 달에 판매 대금을 정산해준다. 판매보다 더 중요한 것이 바로 수금이다. 언제쯤 출판사에 판매 대금이 입금될까? 간혹 책은 팔렸는데 수금을 못 하는 상황에 처할 수도 있다. 수금이 잘 돼야 출판사의 현금흐름이 좋아지기 때문에 수금은 아주 중요하다. 하지만 대금 결제 방식 차이, 낡은 관행, 서점 부도 등의 이유로 제때 수금이 안 될 수 있다.

대부분 대형 서점에서는 1일~말일까지 입고된 책과 반품된 책을 정산해서 다음 달 중순 경에 출판사로 송금해준다. 하지만 서점이 알아서 돈을 보내주지는 않는다. 서점에서 요구하는 정산서류와 절차를 진행해야 판매 대금을 빨리 받을 수 있다. 돈을 주고받을 때에는 근거서류가 있어야 하기 때문에 정산 과정이 필요하다.

:: **정산 방법**

출판사는 매월 서점에 공급한 책의 종류와 부수를 결산하여 거래내역(장부)을 서점에 통보한다. 이 거래내역이 서점 측의 거래내역와 일치할 때 판매 대금을 받을 수 있다. 출판사는 평소 장부 정리를 해놓았다가 필요할 때 꺼내볼 수 있도록 준비해야 한다. 물류업체에서 제공하는 프로그램을 활용하면 매월 공급수량과 반품수량을 쉽게 확인할 수 있다.

정산은 출판사와 서점의 거래를 명확하게 하는 과정이다. 간혹 누락된 거래가 있을 수 있기 때문이다. 1인출판사의 경우 대표가 혼자서 정산 업무를 하다보면 이런 일조차 힘들게 느껴질 때가 있다. 특히 책이 얼마 안 팔릴 때는 더욱 그렇다. 그래도 시기를 놓치지 말고 꼬박꼬박 정산하기를 권한다.

:: **장부대조**

월말이 가까워지면 각 서점에서 정산 관련 안내문이 팩스로 온다. 출판사의 장부와 서점의 장부가 일치하는지 확인하는 것이다. 안내문에 기재된 대로 서류를 준비해서 보내면 된다. 서류는 이메일로 보내거나 팩스로 발송하면 된다. 절차는 복잡하지 않은데 시기를 놓치면 정산이 그다음 달로 미루어진다.

서점마다 정산 절차가 다소 다르므로 일일이 확인해야 한다. YES24는 출판사 쪽 장부를 정산 담당자에게 먼저 팩스로 통보하거나 SCM에서 확인해야 한다. 교보문고, 알라딘도 SCM에 접속하여 정산금액을 확인하면 된다. 팩스를 사용해 정산내역을 확인하는 서점도 있다.

[공급한 책 종류와 수량] - [반품된 책의 종류와 수량] = [최종 공급량]

정산은 매월 초, 전월에 서점에 공급한 책과 반품받은 책을 결산하는 것이다. 예를 들어, 오늘이 10월 1일이면 전 달인 9월 1일부터 9월 30일까지 각 서점에 공급한 책의 종류와 부수를 확인하고 그 수량에서 반품된 책의 종류와 부수를 빼주면 9월 동안 서점에 공급한 전체 물량이 계산된다.

책은 반품될 수 있는 상품이다. 작은 출판사를 슬프게 만드는 반품, 훼손된 책은 재판매하기도 어렵기 때문에 반품을 최소화해야 한다. 반품된 책은 도서정가제 때문에 중고책으로도 판매할 수 없다. 답답한 상황이다. 정산할 때 반품수량을 꼭 확인해서 공제해주어야 서점에 공급한 수량이 된다. 서점 장부와 출판사의 공급수량이 일치하지 않으면 정산이 이루어지지 않으므로 주의가 필요하다.

:: 거래명세서

출판사가 서점에 공급한 책은 물류 업체가 발행한 '거래명세서'로 증명이 된다. 거래명세서는 물류 업체가 서점 창고에 책을 공급하였다는 증명이다. 출판사에서 공급한 내역과 서점에서 공급받은 내역이 다를 경우 거래명세서를 일일이 대조하여 잘못된 부분을 찾아내야 한다. 서점 창고에 워낙 많은 책들이 들어오고 나가다 보니 거래명세서를 잘못 주고받을 수도 있다. 제대로 공급이 안 되거나 중복되어 공급되는 경우도 있다. 사람이 하는 일이다 보니 실수가 생길 수 있는 일인데 빠르게 체크해서 서점에 알려줘야 서점 재무팀에서 정산을 처리할 수 있다.

:: 쌓이는 재고와 미수금

책만 만들면 바로 팔려서 수금이 되고 통장에 잔고가 점점 늘어날 것 같은 느낌이 든다. 이런 생각만 해도 기분이 좋아져서 웃음이 절로 난다. 하지만 현실은 그렇지 않다. 총판(도매상)과 거래하는 경우 일정한 금액을 한도로 정해놓고 시작하게 된다. 예를 들어 1천만 원까지는 책이 팔려도 즉시 출판사에 거래대금을 정산하지 않고 1천만 원이 넘어가는 금액만 정산을 하는 것이다. 도매상도 지역 서점들로부터 수금을 하는 시간이 필요하고 각종 이유도 있기 때문에 그렇게 한다.

창업 초기에 이런 관행을 이해하기가 무척 힘들었다. 분명히 책은 판매되었는데 수금이 안 되는 상황이 반복되는 것이다. 현금흐름이 좋지 않은 출판사의 경우 도매상과 거래할 때 주의가 필요하다.

:: 전자계산서 발행 방법

거래내역에 문제가 없으면 전자계산서를 발행하면 된다. 계산서는 두 종류가 있다. 전자세금계산서와 전자계산서이다. 전자세금계산서는 세금이 붙어 있다. 즉 부가가치세(부가세)가 함께 청구되는 것이다. 부가가치세법에 따라 대부분의 물품에 대금의 10%가 부가가치세로 붙는다. 외주 디자인을 하는 경우에도 부가가치세가 붙는다. 디자인 대행 업무는 부가가치세가 붙는 서비스업이기 때문이다.

책은 면세품이라서 부가가치세가 붙지 않는다. 부가세가 없는 품목은 세금계산서가 아닌 그냥 '계산서'를 발행한다. 거래명세서와 다르므로 구별해야 한다. 세금계산서 양식에 부가세를 0원으로 기재하는 것이 아니라 '계산서' 양식으로 발행해야 한다. 세금계산서와 계산서는 전혀 다른 것이다. 세금계산서 양식에 세금을 0으로 기재해서 사용하면 안 된다.

국세청 관련 사이트(홈택스)를 이용하면 무료로 계산서를 발행할 수 있다. 요즘은 종이로 된 계산서를 거의 사용하지 않는다. 전자계산서를 발행할 수 있는 사이트를 하나 정해서 사용하면 된다. 유료 사이트와 무료 사이트가 있는데 비용이 들어가면 약간의 혜택이 더해지므로 비교해서 사용하면 된다. 그밖에 은행 또는 신용카드사에서 제공하는 사업자용 사이트에서도 무료 이용이 가능하다. 신용카드 사용 금액에 따라 포인트를 우대받을 수 있는 장점도 있다.

:: 계산서 역발행

일반적으로 전자계산서는 공급자인 출판사가 발행한다. 하지만 편의상 계산서를 역발행하는 서점이 있다. 교보문고, 서울문고 등이 그렇게 한다. 서점에서 정산금액을 계산해서 출판사한테 알려주면 출판사가 금액을 확인해 보고 승인을 하는 방식이다. 출판사가 정산금액을 맞춰봐야 하는 일을 서점에서 대신해주니까 편리한 점이 있다. 역발행한 전자계산서를 출판사가 승인하면 출판사가 발행하는 것과 같다. 출판사는 발행된 전자계산서의 내역을 보고 확인을 하면 된다.

역발행을 하는 경우 서점들은 Smile EDI라는 업체의 서비스를 이용한다. Smile EDI에서 역발행하려면 별도의 공인인증서를 발급받아야 하고 매월 서비스 이용료가 발생한다. 하지만 반드시 Smile EDI를 사용해야 하는 것은 아니다. 선택은 자유다.

:: 제작 비용 등 결제

책을 제작한 후에 인쇄소 등 제작 업체로부터 제작비 결제 요청이 들어온다. 아무 때나 지급하는 것보다 매월 일정한 날짜를 정해 지급하는 방식을 권한다. 아무리 작은 출판사라지만 아무 때나 달라는 대로 주면 출판사 경영이 주먹구구식이 된다. 매월 말일, 매월 5일처럼 일정한 날짜에 지급한다는 방침을 정해두고 실행하는 것이 경영 측면에서 좋다. 예측 가능한 신뢰 관계가 형성되기 때문이다.

제작 업체의 입장에서 보면 작은 출판사는 늘 불안한 존재이다. 출판사가 망하면 제작대금을 떼일 수 있기 때문이다. 그러므로 초기에 꼬박꼬박 대금결제일을 지키면 신뢰가 쌓여 나중에 신용거래도 가능하게 된다.

매월 발생하는 비용에는 물류 대행업체 비용이 있다. 이번 달에 납품된 책은 다음 달(익월) 초에 거래명세서와 대금청구서가 오게 된다. 물류 대행업체가 보낸 전자세금계산서의 금액을 확인하여 승인하고 결제하면 된다. 승인은 인터넷으로 하며 그 즉시 국세청에 신고된다.

:: **저자 인세 지급**

저작권료를 어떤 방식으로 정산할 것인지 출판사 나름의 기준을 세워두자. 그때그때 다르면 저자와의 관계가 나빠질 수도 있다. 일정한 기준을 두고 저자에게 저작권료를 지급하는 것이 좋다. 전체 제작 부수에서 저자 증정본과 홍보용을 제외한 나머지 부수에 대해 인세를 지급하면 된다. 인세를 산정하지 않는 부수는 사전에 저자에게 설명하고 협의해야 한다. 무작정 인세를 계산해서 지급하려고 하면 저자와 분쟁을 일으킬 수도 있기 때문이다.

예를 들어 책을 2,000부 제작하는 경우, 판매된 부수를 정확히 집계하여 정산하는 방식이 많이 사용된다. 정확한 집계가 어려운 경우에는 평균적인 반품율 5%인 100부와 저자증정과 홍보용으로 책정한 100부를 제외한 1,800부에 대해서만 인세를 지급하기로 협의하는 것이다. 책의 파손율은 대개 제작 부수의 5%정도로 본다. 저자에게 아무런 설명도 없이 업계 관행이라며 말없이 그냥 처리하면 분쟁이 생길 수 있으므로 주의하기 바란다.

많이 팔리는 책이라면 매달 저작권료를 지급해도 되겠지만 출판사도 수금하는 시점이 있으므로 정산 시점이나 주기를 적절하게 정한다. 일반적으로 분기마다 정산, 1년에 한 번 연말에 정산, 2쇄 찍을

홈택스

때 정산하는 방식을 많이 쓴다. 정산 방법에 대해 원칙을 정해놓고 저자와 출판계약을 할 때 협의해서 정하면 된다.

:: 세금신고 직접 하는 방법

세금신고 같은 경우 혼자 하려면 막막할 수 있다. 매출이 적은 창업 초기라면 신고할 내역이 별로 없으므로 직접 세무신고를 할 수 있다. 거래가 늘어나고 복잡해지면 세무사 또는 회계사의 도움을 받아야 한다. 매출이 점점 늘어나면 출판기획과 저자 섭외 같은 보다 중요한 일에 집중하고 세무처리는 회계사 또는 세무사에 맡기는 것이 현명하다. 잔무까지 직접 처리하다보면 정작 중요한 일을 놓치는 우

위택스

를 범할 수 있기 때문이다. 비용은 들어가지만 적은 비용으로 큰 효과를 볼 수 있다.

출판사 운영으로 소득이 발생하면 세금이 부과된다. 국민연금, 건강보험료, 산업재해보험료, 고용보험료 등 4대 사회보험료는 엄밀하게 보면 세금은 아니다. 고용하는 직원이 있으면 4대보험료를 모두 납부해야 한다. 직원 없이 혼자 일하는 경우에는 산재보험과 고용보험은 가입할 의무가 없다. 필요에 따라 임의가입은 할 수 있다.

출판사와 관련된 세금은 소득세, 원천세 등이다. 출판업 이외에 다른 사업도 함께 한다면 부가가치세 신고도 해야 한다. 출판업만 하는 면세사업자라면 부가가치세가 부과되지 않는다.

소득세, 부가가치세 등 세금은 국세청이 알아서 부과하는 것이 아니다. 출판사가 소득금액을 정확하게 신고하여 납부한다. 누락된 소득금액을 추가로 신고하면 가산세가 붙게 된다. 고의로 누락시킬 경우 탈세혐의로 조사를 받을 수 있다.

:: 원천징수세액

외주 디자이너(프리랜서)의 인건비를 지급하는 경우 원천세 3.3%(사업소득)를 미리 떼어 두었다가 출판사에서 세금을 납부해야 한다. 개인 저자에게 저작권료를 지급하는 경우 원천세 8.8%(기타소득)를 국세청에 기타소득으로 신고하면 된다. 외주 디자이너나 저자가 직접 세금을 납부하는 것이 아니다. 세무서에 갈 필요 없이 인터넷으로 신고하고 납부한다.

　외주 디자이너가 사업자등록을 한 사람이라면 세금계산서를 발행해 달라고 요청해도 된다. 세금계산서를 발행하는 경우에는 출판사에서 별도로 원천세를 납부할 필요가 없다. 외주 디자이너가 세금처리를 하기 때문이다.

　원천세는 소득세와 주민세로 이루어져 있다. 소득세는 세금 종류가 국세이므로 국세청 홈택스 사이트(www.hometax.go.kr)를 이용해 납부하고, 주민세는 지방세이므로 정부에서 운영하는 위택스 사이트(www.wetax.go.kr)를 이용하여 납부한다.

:: **홈택스/위택스 사용 방법**

　세금신고는 몰라서 어렵게 느껴지지만 막상 직접해보면 어려운 일도 아니다. 소득세는 국세청 홈택스 사이트에서 신고하고 납부할 수 있다. 사용 방법은 간단하다. 홈택스에 가입하면 세금신고 기간에 세금신고를 하라는 안내 메시지를 받게 된다. 신고기간 안에 신고하면 된다. 신고기간을 놓치면 서면으로 제출해야 하거나 기타 사유서 등을 제출할 수도 있으므로 반드시 신고기간을 지켜야 한다.

　주민세는 지방세로 분류되므로 행정자치부의 위택스 사이트에서 납부한다. 금액을 신고하고 납부하면 절차가 끝난다.

　매출액이 증가할수록 소득은 늘어나게 되어 세금도 증가한다. 적절한 비용처리를 통해 세금을 줄이는 방법도 필요하다.

:: 기장은 무료 간편장부 활용

사업 규모가 작은 경우 누구나 쉽게 장부를 작성할 수 있는 '간편장부'를 활용할 수 있다. 연간 매출액이 4,800만 원을 넘지 않는 사업자가 이용할 수 있다. 국세청 사이트에서 간편장부 양식 파일을 다운 받아서 사용하면 된다. 가계부처럼 작성할 수 있게 되어 있다.

기장을 하지 않으면 무기장가산세가 붙는데 간편장부를 이용하면 무기장가산세가 붙지 않으며 세액공제도 받을 수 있다.

내
작은 출판사
시작하기

E
PILOGUE

고민이 많은 작은 출판사

에 필 로 그

고민이 많은 작은 출판사

3년만 버티면 돼

사업을 하는 사람들이 늘 하는 소리 중에 "3년만 버티면 돼"라는 말이 있다. 3년을 버티면 앞으로 5년을 버틸 힘이 생기고 5년을 버티면 10년을 버틸 힘이 생기기 때문이라고 한다. 그래서 죽어라고 3년 동안 열심히 일해서 버티면 근성이 생겨서 계속 사업을 할 수 있다는 뜻이다.

하루하루 어떻게 될지 모르는 사업의 세계에서 10년 후를 내다보기는 어렵지만 최소 3년은 내다보고 사업을 해야 한다는 의미도 된다. 3년 후 트렌드가 어떻게 될지 나름대로 파악하고 분석하여 준비하지 않으면 3년 이후가 막막해진다.

거래처의 부도

거래하는 서점이 부도가 나서 폐업하면 출판사는 손해를 입게 된다. 쉽게 말해서 돈을 떼이는 것이다. 팔린 책 대금도 수금되지 않을 뿐만 아니라 재고도서도 되찾기 힘든 일이 발생한다. 경기 불황에 독서 인구의 감소까지 겹쳐 출판 도매상들이 연이어 부도를 맞고 있다. 서점은 폐업할 때 재고도서를 가져가라는 '도서반출 안내문'을 보낸다. 물론 이런 안내문을 보낼 겨를도 없이 사라지는 서점도 있다. 출판사를 시작하면 이런 일도 당할 수 있다는 것을 반드시 염두에 두어야 한다.

출판사의 말 못 할 고민거리

책도 제품이다 보니 불량품이 생길 수 있다. 또 매장에 진열되어 있다가 판매실적이 신통치 않아 반품되기도 한다. 유통 과정에서 파손되는 책도 상당히 발생한다. 서점에서 새 책을 접어가며 읽고 대충 던져놓고 가는 독자들도 있다. 그렇게 구겨진 책은 반품된다. 반품된 책은 다시 판매할 수 없다. 훼손되었기 때문이다. 또한 책 밑에는 서점 도장이 찍혀있다. 서점의 관리 편의상 찍은 것인데 문제는 깨끗한 책도 반품이 되면 서점 도장 때문에 새 상품으로 판매할 수 없다는 점이다. 책이 잘 팔리면 이 정도 반품은 눈감아줄 수 있다. 하지만 한 권이 아쉬운 작은 출판사 대표는 훼손된 책을 볼 때마다 가슴이 미어진다.

터득

옛날에 바퀴를 잘 만드는 노인이 살고 있었다. 노인은 바퀴에서 가장 중요한 부분이 굴대라고 했다. 굴대가 조금만 빡빡해도 바퀴가 잘 돌아가지 않으며 헐거워지면 헛돌게 된다. 노인은 장성한 아들에게 바퀴 만드는 법을 전수해주고 싶어 했다. 아무리 자식이지만 가르칠 수 없는 부분이 있다고 말했다. 바퀴와 굴대가 맞물리는 노하우는 아무리 설명을 해도 전수할 수 없고, 일하면서 직접 터득해야만 하는 것이라고 했다. 출판사 일도 비슷한 면이 있다. 책이나 말로 설명할 수 없는 부분이 있다. 직접 일을 하면서 스스로 터득해야 하는 노하우들이 그것이다.

대단한 착각, 하지만 꼭 필요한 생각

'나는 절대로 망하지 않는다'고 생각하며 사업을 하는 사람들이 있다. 막연한 자신감은 망하는 지름길이다. 자기 자신을 믿는 것도 좋지만 현실을 외면한 채 '나는 다르다'라고 생각하는 건 근거없는 믿음일 뿐이다. 자신에게 유리한 상황만을 보고 이야기하는 것은 좋지 않다. 막연히 잘될 것이라고 생각하는 것은 대단히 위험하다. 취직이 안 되서 떠밀리다시피 한 창업은 창업자를 힘들게 한다. 그럼에도 불구하고 '주위 사람들이 다 망해도 나만은 절대로 망하지 않을 것'이라는 의지가 필요하다. 그래야 역경을 이겨낼 수 있기 때문이다.

모르면 죄가 아니다? 누가 그래?

학생은 몰라도 용서가 된다. 배우는 것이 기본이기 때문이다. 하지만 사업은 다르다. 모르면 알 때까지 비용이 든다. 출판사를 시작하게 되면 뭐든지 다 알아내겠다는 자세를 갖고 있어야 한다. 정확히 알 때까지 비용이 발생한다. 문제가 터진 후에 수습하려고 하면 비용이 더 든다. 미리미리 공부하고 경험을 쌓아야 한다. 공부하거나 세미나를 듣는데 들어가는 비용은 투자다. 이런 투자 비용을 아까워하면 아무 일도 할 수 없다.

철학과 비즈니스 마인드를 갖춰라

일을 할 때 자신만의 원칙을 갖고 있는 사람을 만날 수 있다. 흔히 '그 사람은 철학이 있다'고 말한다. 요즘 쓰는 표현으로 하면 '개념 있는' 사람이다. 이런 사람을 만나면 뭔가 다르다는 것을 확실히 느낄 수 있다. 일하는 태도와 눈빛이 야무지다. 반면 개념없는 사람을 만나면 일이 잘 진행되지 않고 삐걱거리는 것을 발견하게 된다. 같이 있는 시간이 지루하고 짜증까지 날 수 있다. 경영 철학이 중요하다.

무개념 출판사가 될지 개념 출판사가 될지는 전적으로 '당신'에게 달려있다. 나름대로 구체적인 철학을 갖고 출판사를 경영한다면 그 철학이 책에 투영되어 결국 독자들에게 영향을 미치게 된다. 매니아들이 응원하는 행복한 출판사가 되는 것이다.

출판사 경영에 있어 중요한 것은 '비즈니스 마인드'를 갖는 것이다.

비즈니스가 무엇인지 전혀 이해하지 못하고 사업을 시작하는 사람들이 많이 있다. 주먹구구식으로 경영하거나 서비스 정신이 결여된 구멍가게처럼 출판사를 하면 안 된다. 세상은 원래 그런 거라며 근로기준법조차 지키지 않는 경영자는 하루 속히 퇴출되어야 한다. 그 한 사람이 망하는 건 당연한 결과지만 애먼 사람에게 피해를 주기 때문이다.

그럴듯한 것을 경계하라

얼치기는 화려한 말솜씨로 독자를 현혹하며 쭉정이는 그럴듯한 모습으로 진짜처럼 보이게 한다. 둘 다 진짜가 아니다. 이 책도 그런 오류를 범하지 않으려고 꼼꼼히 확인하고 많은 분들의 조언을 받았다.

이 책을 선택한 사람들이 그 꿈을 이루게 하는 것이 이 책의 사명이다. 누가 뭐라고 하든지 당신이 하고 싶은 일을 하기 바란다.

건투를 빈다.

[특별부록]
이 책은 어떻게 만들었을까?

1. 책 기획 및 집필 과정

　출판사를 시작하는 사람이라면 누구나 출판사 성공 창업에 대한 책을 하나 쓰고 말겠다는 결심을 한다. 출판사로 성공하면 자신이 얼마나 힘든 과정을 겪었는지 알리고 싶기 때문이다. 다들 마음만 앞설 뿐 선뜻 책을 쓰지 못하는 것 같다. 잘 아는 것과 잘 설명하는 것은 다르기 때문이다. 다른 사람이 이해하기 쉽도록 일목요연하게 써야 책으로 만들 수 있다.

　네이버카페 〈꿈꾸는 책공장〉 대표 운영자를 맡으면서 출판사 창업에 대해 친절하게 소개하는 책을 출판해야겠다고 결심했다. 인터넷에 모든 정보가 있다고는 하지만 정제되지 않은 정보들이다 보니 잘못 이해할 수 있다. 인터넷만 뒤지다 엉뚱한 정보에 빠져드는 사람들. 쉬운 내용인데도 체계적으로 접근하지 않아 이해가 되지 않아서 헤매는 사람들이 보였다.

이 책이 독자에게 주고 싶은 가치는 "출판사 창업의 현실을 제대로 알리고, 출판사 창업을 도와 시행착오를 줄이는 것"이다.

2. 대상 독자

출판사 창업을 준비하는 사람, 출판사를 창업했지만 어떻게 할지 모르는 사람, 저자로서 자신의 책을 직접 출판하고 싶은 사람.

3. 마케팅 방법

도서 이벤트, 창업 관련 모임에 홍보

북 세미나 진행 및 창업 교육 기관에 홍보

4. 제작사양

(1) 종이 : 표지-스노우화이트지(250g/㎡), 본문-미색모조지(100g/㎡)
면지-매직칼라C 녹청색(120g/㎡))

(2) 인쇄 : 표지-단면 4도, 본문-양면 2도(먹K + 별색 DIC255)

(3) 표지 날개 있음

(5) 표지 코팅 : 무광 라미네이팅

(6) 후가공 : 표지 에폭시 유무

(7) 제본형태 : 무선제본

(8) 제작부수 : 2천 부

5. 제작 기간

　　(1) 원고 집필 : 1년 3개월

　　(2) 편집 디자인, 인쇄 제작 등 : 2개월

6. 관련 업체

　　(1) 인쇄소 : 대덕문화사

　　(2) 종　이 : 영은페이퍼

　　(3) 출판물류 대행업체 : 한강물류

　　(4) 도서홍보 : 북피알미디어

예비 창업자들의 열기가 넘치는 출판콘서트 현장

1인출판사 교류의 장, 출판콘서트

1인출판사를 하면 가장 힘든 점이 혼자 일한다는 것이다. 기획도, 제작도, 이벤트도 혼자 해야 한다. 그러다 보면 잘못된 판단을 할 수 있다. 시장성이 없는 책을 만든다거나 효과도 없는 엉뚱한 이벤트를 벌이게 된다. 혼자 밥 먹는 시간이 늘어나면서 우울해지기도 한다.

출판사를 시작하게 되면 다른 출판사 대표들과 교류를 하는 것이 좋다. 출판콘서트 같은 행사를 통해서 교육과 함께 업계의 소식을 듣기도 하고 SBI, 출판진흥원에서 진행하는 출판 교육도 빠짐없이 들어두어야 한다.

국제도서전이나 어린이 책잔치 같은 행사도 아는 출판사끼리 모여서 참가하면 보다 더 즐겁게 일을 할 수 있다. 1인출판사는 혼자 일하지만 결코 혼자서 모든 일을 다 할 수는 없다. 함께 갈 동지(同志)를 구하면 가는 길이 편하다.

종이 가격표 (출처 : 한국제지)

지종		평량(grm)	평판 4*6(연)	권취 톤(MT)	지종		평량(grm)	평판 4*6(연)	권취 톤(MT)
백상지	크린유광지	60	37,590	1,457,500	아트지	엑스프리 아트편면	80	56,490	1,642,700
		70	40,630	1,350,300			90	59,140	1,528,700
		80	44,410	1,291,400		엑스프리아트/ 엑스프리 스노화이트	80	54,090	1,572,900
		100	55,050	1,280,700			100	59,240	1,378,100
		120	66,040	1,280,300			120	69,170	1,341,000
		150	82,530	1,280,000			150	86,420	1,340,300
	하트유광지	180	99,440	1,285,200			180	103,730	1,340,600
		220	127,000	1,343,000		K-스노화이트	80	54,090	1,572,900
		260	150,100	1,343,000			90	59,140	1,528,700
	크린유광지 (연미)	70	42,970	1,428,100			100	59,240	1,378,100
		80	47,200	1,372,600		엑스프리아트 HB/ 엑스프리 스노화이트HB	200	120,470	1,401,300
		100	58,470	1,360,200			250	150,550	1,400,900
	크린유광RP	90	50,950	1,317,100			300	180,670	1,401,000
	뉴크린유광OA	70	42,620	1,416,400		엑스프리아트웹	80		1,555,800
MFC	M-매트지	70	41,450	1,377,500			100		1,363,000
	M-매트지 S (N)	70	43,840	1,457,000		하트쇼핑백지	110		1,595,500
							120		1,611,200
	M-매트 프리미엄	80	45,300	1,317,300			140		1,521,400
		90	50,960	1,317,200	가공특수지	아르떼 (내츄럴화이트) (울트라화이트)	105	157,970	3,500,000
		100	56,040	1,303,700			130	195,580	3,500,000
	M-매트 프리미엄 (N)	80	48,130	1,399,600			160	240,720	3,500,000
		90	54,140	1,399,400			190	285,850	3,500,000
		100	59,620	1,387,000			210	315,940	3,500,000
1. 부가가치세는 별도임. 2. 변규격 LOSS 분은 수요자와 협의하여 결정함.							230	346,030	3,500,000

출판창업 추천도서

편집자란 무엇인가
김학원 저, 휴머니스트 2009년 출간

출판사의 핵심인 편집자가 하는 일에 대한 책이다. 출판기획에서 홍보에 이르기까지 책 만드는 사람이라면 알고 있어야 할 내용이 가득하다. 꼼꼼하게 잘 정리되어 있어서 출판사 경험이 없는 1인출판사 창업자의 필독서이다.

만만한 출판제작
박찬수 저, 한국출판마케팅연구소 2014년 출간

이 책의 저자는 SBI에서 출판제작 강의를 수년 간 진행하고 있다. 출판사에서 책 제작 업무를 한 베테랑이다. 책 제작 방법에서 제작 사고를 줄이는 방법까지 저자의 노하우가 묻어난다. 밑줄 치며 공부할 책이다.

책 쓰기의 모든 것
송숙희 저, 인더북스 2011년 출간

저자 겸 출판사를 하려는 사람에게 특히 필요한 책이다. '글쓰기'가 아닌 '책 쓰기' 관점에서 어떤 글을 써야 하는지 알 수 있다. 책 쓰는 노하우를 알게 되면 결국 어떤 책을 기획하고 어떻게 원고를 선별해야 하는지 터득하게 된다.

내 작은 출판사 시작하기
독립출판 · 1인출판사 창업의 모든 것

이승훈 | 지음

개정판 3쇄	2021년 3월 15일
초 판 1쇄	2014년 9월 1일

발 행 인	이승훈
교 정	한의영
발 행 처	도서출판 북스페이스
주 소	서울시 마포구 상암동 문화콘텐츠센터빌딩 5층
대표전화	010-6338-6058
팩 스	0505-405-5000
출판등록	제2011-000126호
이 메 일	ubmedia@naver.com

ISBN 978-89-967241-5-5 (93010)

- 잘못 만들어진 책은 구입한 곳에서 교환해드립니다.
- 출판하고 싶은 원고가 있다면 ubmedia@naver.com으로 보내주세요.
  귀하의 원고가 책으로 나올 수 있도록 도와드립니다. 좋은 책이 출간되는 기쁨을 함께 누리고 싶습니다.